ÉTRANGE DISPARITION

Sophie Azadie
Illustrations :
Cédric Babouche et Julie Rouvière

playBac

Boris & Kim
Barnabé
Charles

La famille
BALANCHINE
Jeanne
Clovis
Vénus
Monsieur

Boris, le papa
Il est journaliste (et un peu espion… mais chuuut !).

Jeanne, 10 ans, en CM1
Fille du premier mariage de Boris, elle est aussi surnommée la « princesse Ronchon ».

Vénus, 9 ans, en CE2
Un peu casse-cou, vive et curieuse, tout l'intéresse !

Charles, 8 ans, en CE1
Passionné par la nature, les animaux, il ne se sépare jamais de Zig et Zag, ses escargots.

Kim, la maman
Elle joue le rôle de maîtresse pour faire la classe aux enfants.

Barnabé, 11 ans, en CM2
Fils du premier mariage de Kim, il adore les maths et les expériences scientifiques.

Clovis, 7 ans, en CP
Petit dernier de la famille, il aime manger, chanter et sauter dans les flaques de boue.

Monsieur, 5 ans
C'est le « sage » de la famille. Il garde toujours un œil sur les enfants !

INTRODUCTION

« Ah ! Je suis sûr qu'il va encore nous arriver une histoire pas possible ! Mais pourquoi ne m'écoute-t-on jamais ici ? C'est fou, ça... Je grogne, je jappe[1] et... rien ! On se contente de me tapoter gentiment la tête... Vexant !

Hein ? Quoi ? Ah ! mais bien sûr... Que je suis idiot, je n'ai pas fait les présentations : je suis Monsieur, le chien maxi-affectueux, méga-intelligent et ultra-obéissant des Balanchine. Cela dit en toute modestie, bien sûr ! Belle petite famille, non ?

1. Japper : aboyer de façon aiguë.

Et vous ne devinerez jamais où nous habitons depuis six mois… Dans un camping-car et une caravane !

C'est Boris, le papa, qui a eu l'idée d'embarquer tout le monde pour un grand tour de France et d'Europe. C'est vraiment formidable de vivre dans une maison à roulettes : on voit du pays, on se fait des tas de copains, on mange des trucs délicieux – et pas ces affreuses croquettes allégées prescrites par cet idiot de vétérinaire qui veut toujours me mettre au régime –, on met la truffe dans plein de bonnes odeurs différentes… J'adooooore ! Les enfants aussi se régalent : ils visitent plein de beaux endroits et font des tas de chouettes balades !

Et l'école, me direz-vous ? C'est Kim, la maman, qui s'en charge : chaque jour, elle fait la classe à toute la tribu. Ah, ce n'est pas toujours facile pour elle ! Mais je dois dire qu'elle s'en sort bien, et les enfants sont très contents de leur professeur ! Boris, lui, n'a pas trop le temps de se pencher sur leurs devoirs, car il travaille beaucoup : il est journaliste et aussi un peu… espion ! Mais chuuuuut… Je suis le seul à être dans la confidence !

Même Kim n'en sait rien… Heureusement, car elle est sacrément trouillarde ! Elle a tout le temps peur qu'il n'arrive quelque chose aux enfants. Il faut dire qu'ils ont le chic pour se mettre dans des situations périlleuses. Alors, pour la rassurer, je bosse dur : je fais le chien de garde ! Et comme je suis un poil anxieux de nature, j'essaie de ne pas les quitter des yeux. Autant dire que c'est mission impossible car ils bougent tout le temps.

Tiens, d'ailleurs, pas plus tard que le mois dernier, Clovis s'est égaré dans un château fort. Vous n'imaginez pas le souci que je me suis fait. Le pire, c'est que je n'ai même pas pu donner un coup de patte pour le retrouver : l'entrée était interdite aux chiens. Grrrr…

Et la fois où Vénus a pourchassé des voleurs dans le métro… Quelle angoisse !

Et ce stress que j'ai eu quand Barnabé a été malmené et menacé par des voyous qui voulaient lui voler son précieux ordinateur… Mais cette fois-ci, j'ai pu intervenir en leur plantant mes crocs dans les fesses !

Depuis, c'est le calme plat. Bizarre… Pourtant je sens qu'on ne va pas tarder à connaître de nouvelles aventures. Ben oui, côté flair, je m'y connais… »

CHAPITRE 1

Réveil en fanfare !

– Ce n'est pas bientôt l'heure de se lever ? claironna[2] Vénus à tue-tête. Allez, debout tout le monde, on va être en retard à la grotte !

Pour toute réponse, elle n'obtint qu'un long soupir exaspéré de Kim, sa mère, suivi de marmonnements énervés émis par Charles et Clovis, ses deux petits frères. Même Monsieur grogna en signe de mécontentement…

– Chuuuut, ronchonna Boris, tu vas réveiller tout le camping ! Il n'est que 6 h 30, dors !

Peine perdue, Vénus était déjà au bas de sa couchette et sautillait d'impatience dans le camping-car, allumant une à une toutes les lumières du véhicule.

2. Claironner : annoncer d'une voix forte.

– Bon… soupira Kim, maintenant que tout le monde est réveillé, autant se préparer. Mais je te préviens, Vénus, reprit-elle fermement, ce soir, tu dormiras dans la caravane avec ta sœur et ton frère. Que ce ne soit pas toujours les mêmes qui se lèvent à l'aube !

« Chouette ! pensa la fillette. Avec Jeanne et Barnabé, on ne s'ennuie jamais ! »

Et Vénus fila tambouriner à la porte de leur caravane… Cinq minutes plus tard, Barnabé, l'aîné, passa une tête ébouriffée à la porte du camping-car, suivi de Jeanne, la cadette[3], encore étourdie de sommeil.

– C'est quoi, ce raffut ? C'est déjà l'heure ? demandèrent-ils en chœur.

– C'est Vénus, rétorqua Kim, je crois qu'elle a peur de rater l'ouverture de la grotte de Lascaux* !

* **La grotte de Lascaux** a été découverte par hasard, en 1940, par quatre adolescents qui se promenaient avec leur chien !

– Après tout, elle n'a peut-être pas tort, plaisanta Boris, le temps que toute la tribu se prépare, mieux vaut prévoir large ! Et puis, comme on doit y aller à pied, ça risque d'être long…

– C'est loin ? s'inquiéta Jeanne.

– Un peu moins de deux kilomètres. On doit traverser un bois pour y parvenir. Et ça grimpe un peu !

Et s'adressant à l'ensemble de la famille, Boris reprit :

3. Cadette : enfant qui vient juste après l'aîné(e).

– Tout le monde met ses bottes de pluie ! Avec ce qu'il est tombé hier, c'est boueux partout !

– Hein ? Mais je déteste ça ! hurla Jeanne. Et d'abord, j'ai horreur de la campagne, de la pluie, des grottes… Je dét…

– Suffit ! l'interrompit son père. File t'habiller ! Et évite les froufrous, tu serais ridicule…

Vénus regarda sa demi-sœur sans la comprendre : comment pouvait-on ne pas être excité d'aller découvrir cette merveille de la Préhistoire ? La princesse Ronchon, comme tout le monde la surnommait affectueusement, allait sûrement traîner les pieds toute la visite, et se plaindre de tout…

Vers 8 heures, tout le monde fut prêt. Enfin… presque tout le monde. Comme d'habitude, Charles, l'avant-dernier de la famille, manquait à l'appel.

– Chaaaarles ! On part ! cria Boris.

– J'arrive, j'arrive… Y a pas l'feu au lac !

– Mais… C'est QUOI ça ? interrogea Kim, pointant son index vers la boîte que portait son fils. Tu n'imagines pas que l'on va emmener tes deux escargots dans la grotte ?

– Mais ça va les intéresser, cette visite… Ils me l'ont dit !

– Écoute, Charles, reprit calmement son père, les animaux ne sont pas autorisés à Lascaux, donc tu ne discutes pas et tu laisses Zig et Zag ici.

– Ils vont être déçus… pleurnicha le petit garçon.

Sur ces mots, Monsieur dressa une oreille et comprit aussitôt que lui aussi serait interdit de sortie. Vexé, il se réfugia sous le camping-car, bien décidé à passer la journée à bouder…

1

Coche la bonne réponse.
Ce matin, Vénus se réveille très tôt car :

- ◯ **A.** Elle veut faire ses devoirs.
- ◯ **B.** Elle a envie d'embêter toute sa famille.
- ⊗ **C.** Elle a peur d'être en retard pour visiter la grotte de Lascaux.

2

Quel membre de la famille Balanchine dit :

A. « Hein ? Mais je déteste ça ! Et d'abord, j'ai horreur de la campagne, de la pluie, des grottes… »

jeanne

B. « Ce n'est pas bientôt l'heure de se lever ? Allez, debout tout le monde, on va être en retard à la grotte ! »

vénus

C. « Tout le monde met ses bottes de pluie ! Avec ce qu'il est tombé hier, c'est boueux partout ! »

....

3

Toutes les majuscules et les signes de ponctuation de ce dialogue ont été oubliés. **Rajoute-les.**

ce matin on va tous à la grotte de lascaux annonce kim

c'est loin demande jeanne

non c'est à seulement deux kilomètres répond son père

mais c'est horrible s'exclame la fillette qui déteste la marche à pied

FRANÇAIS

4

Souligne en rouge les six verbes à l'infinitif.

Durant toute la période de la Préhistoire, les hommes vont apprendre à tailler les pierres et à fabriquer des outils, et peu à peu ils vont maîtriser le feu. Vers 40 000 ans avant Jésus-Christ, ils vont commencer à orner les parois des grottes de peintures et de sculptures.

5

Jeanne, la princesse Ronchon… ronchonne souvent !
Colorie en rouge les 4 synonymes du verbe « ronchonner ».

Pleurer	Marmonner	Ricaner
Grogner	Râler	Moquer
Ridiculiser	Taquiner	Bougonner

MÉMO 2

MATHS

6

Boris aime bien donner des devinettes à ses enfants.
Réponds à celle posée à Vénus.

Je suis supérieur à 450 mais inférieur à 649.
Le chiffre de mes centaines n'est ni 4 ni 6,
celui de mes dizaines correspond à 3 x 3,
et celui des unités est la moitié de 8.

Que suis-je ?

594

MÉMO 17

7

Observe la frise chronologique de la Préhistoire.
Quel homme préhistorique est apparu il y a…

3,3 millions d'années ? australopithèque

2,5 millions d'années ? homo abilis

1,6 million d'années ? homo erectus

100 000 ans ? homo sapiens

8

Effectue les quatre additions.

MÉMO 18

34 + 65 = 99 (N)

143 + 28 = 171 (S)

383 + 95 = 478 (E)

27 + 653 = 680 (V)

342 + 99 = 441 (U)

99 = N	532 = B
87 = A	171 = S
976 = R	478 = E
23 = J	680 = V
19 = I	441 = U

Remets les lettres obtenues dans l'ordre et trouve le prénom d'un des héros du roman.

La réponse est : vénus

MATHS

9

Observe ce dessin et coche les bonnes réponses.

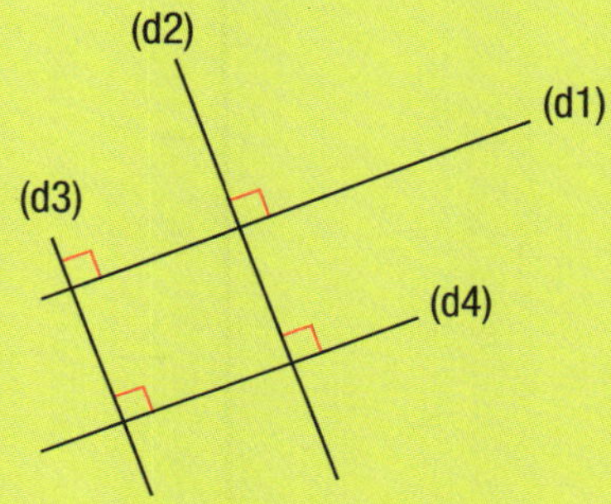

	Vrai	Faux
(d1) est parallèle à (d4) et perpendiculaire à (d2)	X	
(d4) est perpendiculaire à (d3) et à (d1)		X
(d2) n'est pas perpendiculaire à (d4)		X
(d3) est parallèle à (d2) et perpendiculaire à (d1)	X	

MÉMO 21

QUIZ

10

Coche la bonne réponse.

Pourquoi a-t-on donné aux premiers hommes le nom d'*Homo habilis* ?

- ◯ **A.** Car ils habitaient dans des maisons en bois.
- ⊗ **B.** Car ils étaient habiles, savaient fabriquer et utiliser des outils.
- ◯ **C.** Car ils créaient leurs habits avec des branches d'arbre.

CHAPITRE 2

Des tyrannosaures à Lascaux

Après une grosse demi-heure de marche, la famille arriva devant la grotte. Le guide les attendait déjà.

– Allez, les monstres, je vous laisse, annonça Boris aux enfants, le devoir m'appelle !

– Tu ne nous accompagnes pas ? demanda Vénus, désappointée[4] que son père ne participe pas à la visite.

– Non, je viens juste de recevoir un coup de fil de mon journal, je dois enquêter sur la mystérieuse disparition d'un paléontologue[5] et de deux de ses amis, des peintres très célèbres. Mais ne vous inquiétez pas, reprit-il à l'intention de tous les enfants, le guide va vous raconter tous les secrets de la grotte. Et puis, maman est là aussi…

4. Être désappointé : être à la fois surpris et déçu.
5. Paléontologue : spécialiste de la Préhistoire.

– D'abord Kim n'est pas ma mère, répliqua sèchement Jeanne, et je déteste ce genre d'endroit !

– On le sait, rétorqua froidement Boris mais, pour une fois, essaie d'être un peu sympa avec tout le monde…

Pour couper court à toute nouvelle discussion houleuse, Kim pénétra avec le guide dans la célèbre grotte. Les cinq enfants les suivirent sans ajouter un mot. Dès qu'ils furent à l'intérieur, tous – à l'exception de Jeanne, bien sûr – furent éblouis par le spectacle qui s'offrait à leurs yeux. Cerfs, chevaux et aurochs[6] semblaient gambader sur les parois ! Non loin, il y avait même une drôle de créature magique : on aurait dit une licorne.

– Et dire que toutes ces fresques[7] ont été peintes il y a 18 000 ans par des hommes préhistoriques, soupira Barnabé, très impressionné par ce qu'il découvrait. J'aurais tant aimé observer leur travail…

– Oui, répliqua Vénus, je me demande comment ils faisaient pour dessiner à cette hauteur.

6. Aurochs : bœuf sauvage, de grande taille.
7. Fresque : grande peinture murale.

Jeanne les regarda en haussant les épaules.

– Il n'y a vraiment pas de quoi s'extasier, marmonna-t-elle, c'est pas mal mais un enfant de 6 ans ferait la même chose. Tiens, je suis sûre que Clovis est capable de dessiner ces chevaux !

Et sans attendre la réaction de Vénus et de Barnabé, elle tourna les talons et se dirigea vers la sortie.

– Quelle peste ! s'exclama Barnabé. Rien ne l'intéresse !

– Laisse tomber, répondit Vénus, elle est mal lunée, ce matin ! Remarque, j'y suis peut-être pour quelque chose, la princesse Ronchon semble manquer de sommeil ! Allez, viens, on va rejoindre le guide, sinon on ne va plus rien comprendre à ses explications !

Plantée non loin de la sortie principale, Jeanne bâillait d'impatience et attendait la fin de la visite en tapant rageusement du pied. Elle détestait ces sites touristiques en pleine nature, loin de tout. En

plus, l'odeur de la forêt lui donnait la nausée et l'humidité ambiante de la grotte la faisait grelotter. Tandis qu'elle pestait contre la Terre entière, son attention fut attirée par une drôle de conversation. À quelques pas, deux hommes semblaient se disputer.

– Je te dis qu'il n'y a pas de tyrannosaures dessinés à Lascaux, grommela le plus petit. J'ai regardé partout et je n'en ai pas vu.

– Alors, l'interrompit le second qui le dominait d'une bonne tête, pourquoi Salvatore et Dimitri en ont-ils peints ? C'est Yvan qui le leur a demandé… Il n'a pas pu se tromper, c'est un grand spécialiste de la Préhistoire*…

* **La Préhistoire** commence il y a environ 7 millions d'années avec l'apparition des premiers hominidés, les ancêtres de l'homme. Elle se termine avec l'invention de l'écriture, 3 500 ans avant Jésus-Christ.

– Aucune idée, mais tout ce qu'il y a ici, ce sont des vaches ! conclut le premier. Allez, viens, fichons le camp, ce n'est pas la peine que l'on nous repère dans ces parages…

« Quels imbéciles ! pensa Jeanne. Des tyrannosaures dans la grotte de Lascaux… Et pourquoi pas des dragons aussi ? »

FRANÇAIS

1

Entoure en rouge les animaux que les enfants ont pu voir sur les murs de la grotte de Lascaux.

Un dragon — Un aurochs — Une souris

Un chat — Un cerf — Un tyrannosaure

Un cheval — Une licorne

2

Coche la bonne réponse.

Boris enquête sur :

- **A.** Le vol de pierres taillées datant de l'époque préhistorique.
- **B.** La disparition d'un paléontologue et de deux de ses amis peintres.
- **C.** Le cambriolage de la boutique de la grotte de Lascaux.

8

Souligne en rouge les phrases déclaratives, en bleu les phrases interrogatives et en vert les phrases exclamatives.

Un paléontologue et deux peintres sont portés disparus depuis une semaine. Où peuvent-ils être ? Les a-t-on kidnappés ? C'est un mystère ! Boris enquête sur l'affaire. Avec l'aide de la police, il espère dénouer cette énigme. Y parviendra-t-il ? Quel suspense !

MÉMO 4

4

Complète les phrases avec le verbe être ou le verbe avoir conjugué au temps demandé.

Les Balanchine sont devant la grotte, ils ont hâte d'y pénétrer ! *(présent)*

Sur les parois, il y avait des dessins d'aurochs et de cerfs. Les hommes préhistoriques ~~oit étaient~~ étaient de bons peintres ! *(imparfait)*

« Je serai de retour à midi, annonce Boris. En attendant, j'espère que vous serez tous intéressés par la visite et que vous n'aurez pas trop froid dans la grotte. » *(futur)*

5

Du plus jeune au plus âgé, voici tous les membres de la famille Balanchine :

Monsieur Clovis Charles Vénus

Jeanne Barnabé Kim Boris

Range-les dans l'ordre alphabétique.

Prends la première lettre de chaque prénom et découvre le code secret de la messagerie de Boris.

B / B / C / C / J / K / M / V

6

Complète ces additions en t'aidant du code.

WXY	1 2 3
+ YXW	+ 3 2 1
= ZZZ	= 4 4 4

W = 1
X = 2
Y = 3
Z = 4

■▲●◆	3 2 1 4
+ ●■◆▲	+ 1 3 4 2
◆✱✱✪	= 4 5 5 6

■ = 3	◆ = 4
▲ = 2	✱ = 5
● = 1	✪ = 6

7

Hier, les enfants sont allés ramasser des champignons !

Vénus en a trouvé 6, Charles le double et Barnabé le triple ! Le petit Clovis n'en a ramassé que 4.

Quant à Jeanne, elle revient avec la moitié de la cueillette de Charles et de Clovis réunies.

Belle omelette en perspective !

Mais… combien chaque enfant a-t-il ramassé de champignons ?

Vénus = 6

Charles = 12

Barnabé = 18

Clovis = 4

Jeanne = 9

MÉMO 16

MATHS

8

Colorie en rouge les polygones.

Combien en comptes-tu ? 2

MÉMOS 22, 24 ET 25

9

Pour 1 adulte et 5 enfants, la visite de la grotte de Lascaux coûte 41,90 €. Kim paie avec un billet de 50 €.

Combien la caissière lui rend-elle ?

- **A.** 1 billet de 10 €, 1 pièce de 1 € et 1 pièce de 10 c.
- **B.** 1 billet de 5 €, 1 pièce de 2 € et 2 pièces de 20 c.
- [x] **C.** 1 billet de 5 €, 1 pièce de 2 €, 1 pièce de 1 € et 1 pièce de 10 c.

QUIZ

10

Vrai ou faux ?

La grotte de Lascaux que l'on visite actuellement est une copie de celle peinte par les hommes préhistoriques.

- [x] Vrai.
- Faux.

CHAPITRE 3

Des grottes et des truffes

– C'était génial, s'exclama Vénus en sortant du site, on fait quoi maintenant ? Une balade dans la forêt ? On pourrait chercher d'autres grottes*…

Jeanne lui lança un regard assassin. Cette journée commençait à sérieusement la fatiguer.

* Les chercheurs pensent que **les grottes ornées,** c'est-à-dire décorées de peintures et de sculptures réalisées par les hommes préhistoriques, étaient utilisées pour des cérémonies religieuses.

– Pourquoi pas, répondit Kim, mais on ne s'éloigne pas trop du chemin !

Aussitôt, Vénus et Barnabé empruntèrent un sentier qui s'enfonçait dans le bois. Charles les suivait de près, aux aguets[8], cherchant de nouveaux copains pour Zig et Zag, tandis que Clovis chantait à tue-tête en sautant joyeusement dans chaque flaque de boue qu'il croisait. Seule Jeanne traînait les pieds…

8. Être aux aguets : observer très attentivement.

– Trouver une nouvelle grotte, marmonna-t-elle, quelle idée stupide…

– Pas plus stupide que de passer des heures devant la glace, rétorqua Barnabé qui commençait à perdre patience. Oh, regarde Vénus, poursuivit-il, derrière ces branchages on dirait l'entrée d'une caverne. Maman, on peut aller y jeter un œil ?

– Je viens avec vous, il est hors de question que vous vous aventuriez seuls là-dedans, répondit fermement Kim.

Au fond d'elle-même, elle n'était pas du tout rassurée de pénétrer dans ce trou, mais elle n'en laissa rien paraître aux enfants. Finalement, après avoir fait quelques pas à l'intérieur de l'abri de pierre, tout le monde rebroussa chemin sans insister : il y faisait noir comme dans un four, et d'inquiétants bruits perçaient le silence.

– Hum… Il doit y avoir plein de hiboux et de chauves-souris là-dedans, remarqua Charles, émerveillé par cette découverte.

– Dommage que l'on n'ait rien vu, regretta Barnabé, il nous aurait fallu une lampe…

– Et on aurait pu partir en exploration, poursuivit Vénus, et même trouver d'autres peintures préhistoriques. Qui sait, les paléontologues n'ont peut-être pas encore fouillé toute la région ?

– Oublie cette idée, l'interrompit Kim, pas du tout motivée par une telle proposition. Tu sais, se risquer dans les grottes peut être très dangereux, surtout sans guide ! Et puis il est presque midi, papa doit nous rejoindre devant la grotte de Lascaux pour déjeuner.

Quand ils arrivèrent à l'aire de pique-nique où ils s'étaient donné rendez-vous, Boris était déjà installé à une table.

– Alors les loulous, ça va ? Bonne matinée ? demanda-t-il gaiement.

– Super ! s'exclama Vénus. Et toi, tu as retrouvé le paléontologue et les peintres ?

– Malheureusement non, répondit son père. On n'a aucun indice… Rien, pas la moindre information ! J'ai même discuté avec des policiers : ils ne comprennent pas ce qui leur est arrivé ! À croire que, depuis une semaine, ces trois-là se sont carrément volatilisés…

– Bizarre… murmura Jeanne. Je me demande si cette disparition est liée à ce que racontaient les deux affreux gars près de la grotte.

Mais personne n'entendit sa remarque et la fillette croqua dans son sandwich.

* * *

À quelques kilomètres de là, Monsieur trouvait le temps long. Il regrettait sa bouderie du matin. S'il avait été moins susceptible, il serait resté bien au chaud dans le camping-car, et non dessous, couché sur cette herbe mouillée qui lui chatouillait le poitrail[9]. Fatigué d'être allongé, il décida de faire un petit tour pour se dégourdir les pattes et s'enfonça dans la forêt. Au hasard d'un sentier, un parfum inconnu lui taquina le museau. Il s'approcha... Cette succulente odeur provenait de la terre. Il chercha, fouina, gratta... et découvrit une belle grosse truffe[10] qu'il dévora aussitôt ! Humm... De mémoire de chien, jamais il n'avait mangé mets plus agréable et délicat ! Tout en se pourléchant les babines, Monsieur se mit en quête d'en dénicher d'autres...

9. Poitrail : devant du corps, entre le cou et les pattes avant.
10. Truffe : champignon qui pousse sous terre, très recherché pour sa saveur.

1

Vénus a oublié plein de mots en recopiant ce texte !
Replace-les au bon endroit.
Pour t'aider, barre-les au fur et à mesure.

~~dangereux~~ ~~flaques~~ ~~balade~~ ~~Jeanne~~
~~escargots~~ ~~Charles~~ ~~Kim~~ ~~pieds~~
~~grottes~~ ~~explorer~~ ~~forêt~~ ~~joyeux~~

KiM et les enfants font une balade dans la forêt. Comme d'habitude, jeanne râle et traîne les pieds alors que Clovis, tout joyeux saute dans toutes les flaques de boue ! charles cherche des copains pour ses deux escargots Zig et Zag. Vénus et Barnabé aimeraient bien explorer d'autres grottes mais Kim n'est pas d'accord : c'est bien trop dangreux !

2

Coche la bonne réponse.
Monsieur s'enfonce dans la forêt et il flaire un parfum qui lui taquine le museau. D'où provient cette bonne odeur ?

- ◯ **A.** Du terrier d'un lapin.
- ☑ **B.** D'un champignon rare, la truffe.
- ◯ **C.** Des sandwichs que Kim a préparés.

3

MÉMO 5

Transforme les phrases affirmatives en phrases négatives en utilisant les expressions suivantes :

n'… aucune • n'… pas • n'… rien
ne… jamais • ne … personne • ne … plus

Kim aime explorer les grottes très sombres.

Kim n'aime pas.

Vénus parle à tout le monde.

ne parle à personne.

Clovis saute toujours dans les flaques de boue.

ne saute jamais dans les flaques de boue.

Jeanne apprécie tout !

n'apprécie rien.

Charles veut encore rester dans la forêt.

ne veut plus.

Boris a obtenu plein d'informations.

n'a obtenu aucune.

4

Conjugue au présent les verbes entre parenthèses.

« Avec Barnabé, nous cherchons d'autres grottes ! » s'exclame Vénus. *(chercher) (s'exclamer)*

Jeanne gémie : elle déteste les balades en forêt ! *(gémir) (détester)* « Vous ne quittez pas le chemin, et vous ne désobéirez pas », ordonne Kim. *(quitter) (désobéir) (ordonner)*

Clovis et Charles franchissent l'entrée de la caverne mais ils ne restent pas longtemps : c'est trop sombre là-dedans ! *(franchir) (rester)*

MÉMO 8

FRANÇAIS

FRANÇAIS

Complète les phrases suivantes avec le bon homophone : est / es / et / a / as / à.

5

« Tu .... vraiment courageuse, dit Clovis .... sa sœur Vénus avec envie, ... tu n' .... jamais peur de rien ! Ce n' .... pas comme Monsieur : il .... souvent inquiet .... il .... toujours la trouille qu'on l'abandonne ! »

MÉMO 14

MATHS

Calcule ces quatre soustractions, puis écris le résultat dans la grille. Additionne les cases violettes et tu trouveras l'âge de Vénus !

MÉMO 19

6

1. 795 – 122 = ...

2. 3 273 – 2 163 = ...

3. 8 996 – 7 073 = ...

4. 9 914 – 2 302 = ...

Vénus a .... ans !

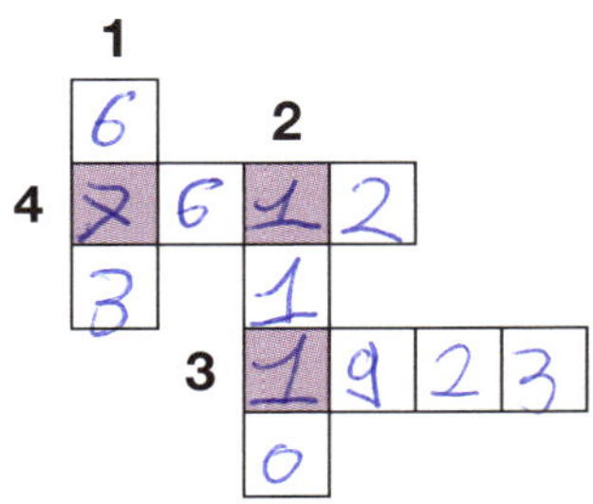

Boris annonce aux enfants qu'ils vont bientôt effectuer un trajet de 639 km. Le voyage se fera en 2 jours. **Coche la bonne estimation.**

7

- ◯ « On fait 350 km le 1er jour et 250 km le lendemain, annonce Vénus, et on y est ! »
- ◯ « N'importe quoi ! répond Barnabé. Il faut rouler 320 km chaque jour pour y parvenir. »
- ◯ « Pas d'accord, rétorque Jeanne. On n'a qu'à faire 350 km le 1er jour, et autant le lendemain ! »

MATHS

MÉMO 30

8

Réponds à ces questions.

• Vénus réveille ses parents ainsi que ses frères et sœurs à 6 h 30. À 8 heures, tout le monde est prêt ! Combien de temps ont-ils mis pour se préparer ?

Ils ont mis 1h30m

• La visite de la grotte commence à 9 h 45 et dure 1 h 15. À quelle heure les Balanchine la quittent-ils ?

Ils quittent la grotte à 11h00

9

Utilise ton compas et suis ces instructions.

• Trace un cercle de 2 cm de diamètre, de centre A.
• Trace un cercle de 3 cm de diamètre, de centre B.
• Trace un cercle de 2 cm de diamètre, de centre C.
• Trace un dernier cercle de 2 cm de diamètre, de centre B.

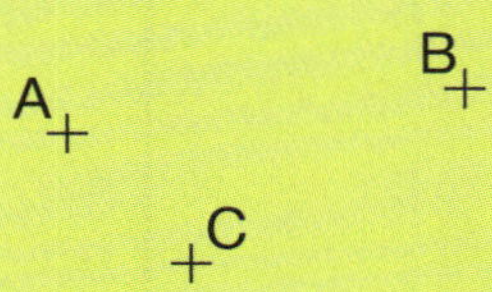

MÉMO 23

QUIZ

10

Coche la bonne réponse.

De quel continent sont originaires les premiers hommes de la Préhistoire ?

☒ **A.** L'Afrique. ◯ **B.** L'Europe. ◯ **C.** L'Amérique.

CHAPITRE 4

Monsieur fait des siennes

Après un délicieux pique-nique concocté par Kim – les sandwichs étaient depuis toujours sa grande spécialité ! –, les Balanchine au grand complet prirent le chemin du retour. Quand ils arrivèrent près du camping-car, ils furent bien étonnés de ne pas voir Monsieur gambader à leur rencontre. D'habitude, le chien leur faisait d'exubérantes fêtes, sautait en tous sens et jappait bruyamment ! Mais là... aucun bruit ni personne. Où était-il passé ? Kim tenta de rassurer tout le monde, Monsieur devait être à la poursuite d'un chat, c'était son jeu préféré ! À coup sûr, il rentrerait ventre à terre dès qu'il sentirait la bonne odeur de sa pâtée !

Sans attendre que sa mère sorte les croquettes, Vénus partit à la recherche de Monsieur dans le camping. Elle l'appela pendant de longues minutes. Sans succès. Inquiète, elle retourna en courant au camping-car.

– Cela ne lui ressemble pas, constata-t-elle. Monsieur ne s'éloigne jamais très loin, il a bien trop peur d'être abandonné. Je suis sûre qu'il lui est arrivé quelque chose de grave.

En silence, Boris et Kim hochèrent la tête. Eux non plus ne comprenaient pas ce qui s'était passé pendant leur absence.

– Je vais interroger les gérants[11] du camping, déclara Boris, il est possible qu'ils aient vu quelque chose…

11. Gérant : directeur.

Et il partit vers la réception.

– Peut-être que Monsieur a été enlevé, suggéra Vénus, papa enquête bien sur la disparition d'un paléontologue et de deux peintres… Notre chien pourrait avoir subi le même sort, non ?

– Je ne pense pas, répondit doucement sa mère, Monsieur a beau être le plus gentil chien du monde, il n'y a aucune raison de le kidnapper. Et je doute fort que les deux disparitions soient liées…

– J'espère qu'il ne s'est pas aventuré dans la forêt… murmura Barnabé. Il n'a aucun repère ici et, d'après ce que nous a dit le guide ce matin, le terrain est aussi troué que du gruyère !

– Pourquoi tu parles de gruyère ? demanda Clovis. Monsieur n'aime que le camembert !

Vénus ne put retenir un sourire… Décidément, avec ses réparties[12] un peu naïves, le petit dernier de la famille parvenait toujours à faire rire son entourage, même dans les moments les plus dramatiques.

12. Répartie : réplique, réponse.

– Zig et Zag n'ont rien vu, les interrompit brusquement Charles en sortant du camping-car, et ils n'ont rien entendu non plus, je viens juste de le leur demander.

– Chaaarles… soupira sa mère. Combien de fois faudra-t-il te répéter que les escargots ne parlent pas ! On va finir par te prendre pour un nigaud[13] si tu continues…

– Ça, c'est sûr, confirma Jeanne. Mais à propos de conversation, ce matin, j'ai entendu des choses bizarres à la sortie de la grotte… On aurait dit deux…

La fillette ne put terminer sa phrase, car Boris revenait en courant vers eux.

– Je viens de discuter avec un campeur, expliqua-t-il, il a vu Monsieur sortir du camping.

– Dans quelle direction ? demanda Vénus, pleine d'espoir.

---

13. Nigaud : quelqu'un d'idiot.

– Aucune idée, il n'a pas fait attention… On va partir à sa recherche, Monsieur ne doit pas être bien loin, annonça Boris en espérant détendre l'athmosphère. Vénus et Charles, vous venez avec moi. Barnabé et Clovis, vous irez avec maman.

– Et moi ? demanda timidement Jeanne, tu m'as oubliée…

– Il faut que quelqu'un reste ici, au cas où Monsieur rentrerait avant nous… lui expliqua son père. Ton téléphone est branché ? Comme ça, on reste en contact.

Même si Jeanne était soulagée de ne pas avoir à retourner dans cette forêt qu'elle détestait, pour retrouver Monsieur, elle aurait été capable de faire des kilomètres dans la boue. Sous ses allures de râleuse, elle cachait un cœur gros comme ça, et imaginer la pauvre bête perdue, peut-être en danger, l'attristait terriblement…

FRANÇAIS

1

Numérote les phrases pour les remettre dans l'ordre chronologique de l'histoire.

◯ **A.** Un campeur a aperçu Monsieur sortir du camping.

◯ **B.** En rentrant au camping, ils sont étonnés de ne pas voir Monsieur.

◯ **C.** Boris va demander aux gérants du camping s'ils ont vu Monsieur.

◯ **D.** Les Balanchine font un bon pique-nique !

◯ **E.** Boris décide de partir à la recherche du chien avec Kim et les enfants.

◯ **F.** Vénus cherche son chien dans tout le camping.

2

Coche la bonne réponse.

Selon Clovis, quel est le fromage préféré de Monsieur ?

◯ **A.** Le camembert. ◯ **B.** Le gruyère.

✓ **C.** Le reblochon.

3

Tous les sujets ont été oubliés. **Replace-les, sans oublier les majuscules quand c'est nécessaire !**

Vénus / Kim et Boris / il / elle / monsieur / ils /son chien

.... a disparu. .... n'est plus au camping… .... est très inquiète : .... l'appelle mais .... ne répond pas. .... ne comprennent pas ce qui s'est passé et .... décident de partir à sa recherche.

4

Conjugue au futur et à la personne demandée ces verbes, puis place-les dans la grille.

Remets dans l'ordre les lettres des cases vertes et tu découvriras le nom d'un héros de l'histoire !

gambader
1re pers. pluriel

finir
3e pers. pluriel

arriver
2e pers. singulier

pleurer
1re pers. singulier

grossir
3e pers. pluriel

rassurer
3e pers. pluriel

agir
2e pers. pluriel

réunir
3e pers. singulier

MÉMO 9

5

Relie les adjectifs de sens contraire.

1. délicieux
2. bruyant
3. affreux
4. méchant
5. confiant

A. beau
B. gentil
C. infect
D. méfiant
E. silencieux

MÉMO 3

Qui suis-je ? Colorie la case qui correspond au nombre défini ci-dessous.

6

Mon chiffre des dizaines de mille est le double de celui de mes dizaines ; mon chiffre des centaines de mille est le triple de celui de mes centaines.

123 917	**743 149**	**980 345**	**780 321**

Barnabé lance un défi à Vénus : elle doit découvrir le nombre secret auquel il pense.

7

« Le nombre de départ est 20. Ajoute 15. Retranche 6. Ajoute 10. Retranche 20. Ajoute 1. Retranche 20. »

Quel est ce nombre secret ? ....

(Attention, tu n'as pas le droit de poser les opérations !)

Entoure la bonne réponse.

MÉMO 27

8

Quelle unité de mesure utilises-tu pour exprimer la longueur…

- D'un camping-car
  (kilomètre – mètre – centimètre – millimètre) ?
- D'une puce sur le dos de Monsieur
  (kilomètre – mètre – centimètre – millimètre) ?
- Du téléphone portable de Jeanne
  (kilomètre – mètre – centimètre – millimètre) ?
- De la distance Paris-Lascaux
  (kilomètre – mètre – centimètre – millimètre) ?

MATHS

9

Casse-tête à la boutique !

Vénus a acheté 2 livres sur la Préhistoire, l'un à 16 € et l'autre à 12 €.

Barnabé a pris une BD sur la vie des hommes de Cro-Magnon à 9 €.

Clovis, après avoir longuement hésité entre une boîte de peinture à 7 € et un album à colorier à 5 €, a finalement choisi une figurine d'aurochs à 3 €.

Quelle question se pose Kim en sortant son porte-monnaie ?

- ◯ **A.** Combien vais-je payer pour tous ces achats ?
- ◯ **B.** Où ranger ces objets dans le camping-car ?
- ◯ **C.** Qu'est-ce qu'on va manger ce soir ?

Et maintenant, à toi de lui donner la réponse à sa question !

....

QUIZ

10

Coche la bonne réponse.

Qu'est-ce qu'un biface ?

- ◯ **A.** Un miroir à double face.
- ◯ **B.** Une pierre taillée par l'homme.
- ◯ **C.** Un champignon très apprécié des *Homo sapiens*.

Chapitre 5

À la recherche de Monsieur

La famille quitta le camping dans deux directions opposées. Kim, Barnabé et Clovis partirent vers la rivière, tandis que Boris, Vénus et Charles gagnèrent la forêt. Ils n'avaient pas beaucoup de temps devant eux car, bientôt, il ferait nuit. Et comble de malchance, une petite pluie fine s'était mise à tomber, rendant les recherches encore plus désagréables…

– On pourrait chercher ses traces de pattes, suggéra Vénus à son père. La terre est bien molle par ici…

– Il y a des dizaines d'empreintes un peu partout, ça me paraît impossible, répondit Boris. Autant chercher une aiguille* dans une botte de foin !

– Et si on prévenait la police ? reprit la fillette.

* L'invention de **l'aiguille à coudre** équipée d'un chas pour passer le fil date d'il y a 20 000 ans. À cette époque, les aiguilles étaient taillées dans des os et les fils, fabriqués avec… des nerfs d'animaux !

– Je doute que le cas de Monsieur les intéresse, surtout en ce moment ! N'oublie pas qu'ils sont déjà bien occupés avec la disparition du paléontologue et des peintres. Allez, viens, on va fouiller par là !

Les premières recherches furent décevantes : le chien restait introuvable !

La nuit était maintenant tombée, et la pluie redoublait d'intensité. Les enfants étaient trempés et grelottaient de froid et, après presque trois heures passées à fouiller les environs, Boris prit la décision de suspendre leurs recherches.

– Mais… On ne peut pas laisser Monsieur seul dans cette forêt toute la nuit, gémit Vénus. Peureux comme il est, ça va être terrible pour lui…

– Et s'il était tombé dans un trou… s'inquiéta Charles. Il paraît qu'ils sont nombreux par ici…

Son père ne répondit pas. C'est ce qu'il craignait. Car il savait que si Monsieur était prisonnier d'un gouffre, il serait très difficile de le retrouver vivant.

Soudain, Vénus aperçut au loin une faible lueur : on aurait dit le faisceau d'une lampe électrique. Elle alerta son père mais, quand celui-ci se retourna, la lumière avait disparu. Étrange…

Quand la famille fut réunie au camping-car, les mines étaient sombres et angoissées. Personne ne parlait… Il fallait se rendre à l'évidence : Monsieur avait disparu.

FRANÇAIS

1

Les Balanchine partent à la recherche de Monsieur et se séparent en deux groupes.

Colorie en vert les enfants qui sont avec Boris et en rouge ceux qui sont avec Kim.

Clovis	Vénus	Charles	Barnabé	Jeanne

Qui reste au camping-car ? jeanne

2

Coche la bonne réponse.

Qu'aperçoit Vénus au moment de rentrer au camping ?

- ◯ **A.** Des empreintes de pas.
- ◯ **B.** Deux hommes.
- ☑ **C.** Une faible lueur.

3

MÉMO 6

Entoure en vert les noms propres et en bleu les noms communs. Souligne les déterminants en rouge.

La famille Balanchine quitte le camping, à la recherche de Monsieur. Kim, Barnabé et Clovis partent vers la rivière, tandis que Boris, Vénus et Charles gagnent la forêt.

FRANÇAIS

4

MÉMO 10

En t'aidant des infinitifs donnés, barre les six verbes conjugués à l'imparfait dans cette grille.

Indique pour chacun son groupe.

D	G	F	N	J	S	G	R	X
S	R	A	L	A	I	S	O	K
U	N	I	A	D	P	M	U	U
R	R	B	B	O	G	I	G	Y
S	A	L	I	S	S	A	I	S
A	V	I	O	E	M	E	S	T
U	M	S	C	V	J	L	S	F
T	I	S	T	A	B	I	I	G
I	P	A	E	P	E	C	O	A
E	V	I	D	A	I	E	N	T
Z	M	T	O	L	P	C	S	F

Râler
1er groupe

Salir
2er groupe

Vider
1er groupe

Sursauter
1er groupe

Faiblir
3er groupe

Rougir
3er groupe

5

Recopie ces phrases en mettant le groupe sujet au pluriel. N'oublie pas d'accorder le verbe !

L'escargot de Charles avance lentement.

....

L'homme se cache dans la forêt.

....

Le chien gambade vers Vénus.

....

MÉMO 12

6

Aide Vénus à remplir cette pyramide.
Complète les cases vides avec la somme des deux cases de la ligne inférieure.

743			
....	584		
....	....	499	
....	....	....	450

7

Boris a fêté ses 49 ans en mars 2015,
et Kim a soufflé ses 38 bougies en avril 2015.
En quelle année sont-ils nés ?

Boris : 1966 Kim : 1977

8

Complète cette suite de nombres.

Remplis d'abord les cases sous la suite pour comprendre comment celle-ci avance.

Le dernier nombre à trouver sera le numéro du département de la Dordogne !

1	4	6	9	11	14	16	19	21	24

+3	+2	+3	+2	+3	+2	+3	+2	+3

MATHS

9

Kim a noté dans un tableau le nombre d'exercices que chaque enfant doit effectuer chaque semaine.

Observe-le attentivement pour compléter les cases manquantes. Réponds ensuite aux questions.

	Barnabé CM2	Jeanne CM1	Vénus CE2	Charles CE1	Clovis CP	TOTAL *par matière*
FRANÇAIS	12	8	10	9	12	51
MATHS	14	15	12	8	6	55
ANGLAIS	5	5	5	2	0	17
SCIENCES	3	1	2	1	2	8
DÉCOUVERTE DU MONDE	2	3	3	3	1	12
TOTAL *par enfant*	36	32	32	23	21	153

Combien Kim va-t-elle corriger d'exercices de français ? ....

Quel enfant a le plus d'exercices de maths ? ....

Quel enfant a 5 exercices d'anglais et 10 de français ? ....

Quel enfant a 15 exercices de moins que Barnabé ? ....

QUIZ

10

Coche la bonne réponse.

Comment les hommes préhistoriques ont-ils découvert le feu ?

- [x] **A.** En assistant aux incendies des forêts causés par la foudre.
- [ ] **B.** En craquant une allumette.
- [ ] **C.** En observant les dragons cracher des flammes.

CHAPITRE 6

Expédition nocturne

Barnabé se réveilla en sursaut : il lui avait semblé entendre la porte de la caravane grincer. En toute hâte, il dégringola de son lit superposé et alluma le plafonnier. Vénus, qui dormait sur la couchette inférieure, n'était plus dans son lit.

– Jeanne, lève-toi ! s'écria-t-il en la secouant. Vénus est partie ! Je suis sûr qu'elle est retournée dans la forêt chercher Monsieur !

– Hein ? Mais il est minuit… grommela-t-elle, la voix pleine de sommeil. Elle est complètement folle !

– Peut-être… Mais on ne peut pas la laisser courir les bois toute seule. Je m'habille et je file la retrouver.

– Bon… Je viens avec toi, soupira la fillette. Et les parents, on ne les prévient pas ?

– Non, s'ils apprennent que Vénus est sortie seule en pleine nuit, elle va se faire drôlement gronder !

À pas de loup, Barnabé et Jeanne quittèrent le camping. Un peu au hasard, ils se dirigèrent vers la forêt. Ils allumèrent leurs lampes torches et suivirent un petit sentier qui s'enfonçait dans les bois.

– C'est vraiment horrible, chuchota Jeanne en claquant les dents de terreur. Pourvu que l'on retrouve rapidement Vénus…

– Tu as raison, cette forêt n'est pas très accueillante, surtout la nuit. Dépêchons-nous !

Ils pressèrent le pas, évitant de penser aux dangers possibles de leur expédition nocturne. Soudain, au-dessus de leur tête, le hululement d'une chouette les fit sursauter. Jeanne se figea en tremblant comme une feuille. Barnabé, qui n'était guère plus rassuré, fit de son mieux pour la convaincre de poursuivre leur route. Une seule chose comptait : retrouver leur sœur au plus vite !

* * *

Loin devant, et hors de la vue de son frère et de sa sœur, Vénus marchait vite.

Au moment de se coucher, la petite fille avait décidé de retourner dans la forêt. Elle était persuadée que Monsieur était coincé par là. Après avoir attendu que Barnabé et Jeanne s'endorment, elle s'était glissée en silence hors de la caravane, son sac sur le dos. Heureusement, il ne pleuvait plus, et maintenant c'est la lune qui guidait ses pas. Rapidement, elle retrouva l'endroit où elle avait vu de la lumière. Il faut dire qu'elle avait un sens de l'orientation hors du commun. D'ailleurs, ses parents la surnommaient Tom-Tom car elle était aussi fiable qu'un GPS[14] !

Vénus se faufila dans les bosquets[15] et tendit l'oreille, attentive à tous les bruits de la forêt. Elle crut percevoir des voix d'hommes. Un frisson lui parcourut le corps.

– Je rêve, se persuada-t-elle, il n'y a personne ici !

14. GPS : *Global Positioning System* (système de localisation mondial). Ordinateur qui permet de nous situer partout dans le monde, et qui propose des trajets à suivre pour s'orienter. Tom-Tom est une marque de GPS.
15. Bosquet : petit bois.

Puis, baissant les yeux, elle vit un mouchoir en papier froissé.

« Bizarre… pensa-t-elle en se baissant pour le regarder de plus près. Il y a donc des gens qui sont passés ici récemment car ce mouchoir n'est même pas mouillé ! Mieux vaut que je ne sorte pas ma lampe, on pourrait me repérer ! »

Tout à coup, un grognement sourd se répandit dans la forêt. Le bruit semblait venir du sous-sol.

« C'est Monsieur ! se réjouit intérieurement Vénus. J'avais raison : il est sûrement coincé dans un trou ! »

Elle inspecta rapidement les alentours. Rien… Aucune entrée de grotte n'était visible.

– Et zut, j'ai perdu mon écharpe, constata-t-elle en portant la main à son cou. Elle a dû glisser quand j'ai trouvé le mouchoir. Pas grave, je la récupérerai tout à l'heure !

Le grognement reprit de plus belle, plus proche encore.

– Je ne comprends pas… se lamenta la fillette, il doit bien y avoir une entrée quelque part.

Vénus avança un pied vers le fourré d'où semblait sortir le son. Au moment où sa basket touchait le sol, la petite fille bascula en avant. Elle fut précipitée dans un étroit boyau et, après une longue glissade, elle finit sa chute quelques mètres plus bas. Puis elle perdit connaissance…

1

Remets les lettres dans l'ordre pour former des noms de vêtements.

Colorie en rouge les étiquettes dont les noms apparaissent dans le chapitre 6 et en bleu l'étiquette dont le nom se termine par une consonne muette.

EPHACÉR ....

NNOBTE ....

KSBATE ....

BROE ....

PJUE ....

2

Vrai ou faux ? Coche la bonne réponse.

VRAI FAUX

◯ ◯ **A.** Vénus quitte le camping avec Barnabé et Charles.

◯ ◯ **B.** À minuit, Barnabé entend la porte de la caravane grincer.

◯ ◯ **C.** Barnabé et Jeanne n'ont pas de lampe électrique.

◯ ◯ **D.** Jeanne trouve un mouchoir en papier dans la forêt.

◯ ◯ **E.** Vénus a un très bon sens de l'orientation.

3

Méli-mélo ! Tous les mots interrogatifs ont changé de place et les phrases ne veulent plus rien dire !
Réattribue à chaque phrase le mot interrogatif qui convient et réécris les phrases interrogatives correctement.

Qui Vénus est-elle allée ?

....

Que irez-vous visiter la grotte ?

....

Où réveille Jeanne à minuit ?

....

Combien fait Barnabé ?

....

Quand as-tu payé ce livre ?

....

4

Par erreur, Clovis a déchiré tout l'exercice de conjugaison de Vénus !
Associe le pronom au verbe correspondant en coloriant de la même couleur les deux parties.

NOUS
VEULENT
ELLE
VOUS
TU
JE
FAISONS
ILS
LIT
BUVEZ
VAS
PARS

Quel est l'infinitif de ces six verbes ?

....

....

FRANÇAIS

**Transforme ces phrases au pluriel.
N'oublie pas d'accorder le sujet et le verbe !**

5

Le chien gambade dans la forêt.

....

Le cousin de Vénus habite en Chine.

....

Le journaliste enquête sur une disparition.

....

MATHS

Numérote ces événements de la Préhistoire dans l'ordre chronologique, du plus ancien au plus récent.
Attention : nous sommes avant Jésus-Christ !

6

	– 20 000 ans, apparition de l'aiguille à coudre.
	– 500 000 ans, maîtrise du feu.
	– 15 000 ans, domestication du loup.
	– 13 000 ans, création des premières poteries.
	– 18 000 ans, peintures de la grotte de Lascaux.
	– 2 000 000 ans, fabrication des premiers outils avec des pierres.

MÉMO 20

Transforme ces additions en multiplications et note leur résultat.

7

37 + 37 + 37 + 37 + 37 + 37 = ... x .... = ...

9 + 9 + 9 + 9 + 9 + 9 + 9 + 9 + 9 + 9 = ... x .... = ...

MATHS

8

Dans la grille, colorie en rouge tous les résultats de la table de 5 et en vert tous ceux de la table de 7.

20	2	23	21	56	32
25	13	35	67	26	15
43	42	3	28	50	31
7	51	5	76	63	49
30	14	19	11	45	41
70	48	40	99	10	66

Quelle case est à la fois verte et rouge ?

....

9

Pour le pique-nique, Kim a acheté 4 baguettes à 1 € l'une, 3 paquets de biscuits à 2 € l'un et un gros morceau de pâté à 12 €. Elle a aussi pris 2 kilos de tomates, à 2 € le kilo.

Combien a-t-elle payé en tout ?

....

QUIZ

10

Coche la bonne réponse.

De quoi se nourrissaient les hommes préhistoriques il y a 150 000 ans ?

- ◯ **A.** D'eau fraîche et de cailloux.
- ◯ **B.** De hamburgers-frites !
- ◯ **C.** De viande, de champignons, de racines et de feuilles.

Chapitre 7

Des bruits inquiétants

– Tu as entendu ce bruit ? demanda Jeanne d'une voix tremblante. On aurait dit un cri…

– Pourvu que ce ne soit pas Vénus… murmura Barnabé, de plus en plus anxieux.

– Pas d'inquiétude, notre petite sœur est tellement débrouillarde qu'elle parviendra toujours à se tirer d'affaire, reprit la fillette pour se rassurer elle-même.

– Tu as raison, mais elle n'a que 9 ans. Ce n'est pas un âge pour se balader seule dans une forêt au beau milieu de la nuit ! Même si c'est pour retrouver son chien…

– Et nous, tu crois que c'est malin ce que l'on est en train de faire ? l'interrompit Jeanne. Je commence à avoir vraiment la trouille…

Les deux enfants n'osaient plus bouger. N'était-ce pas trop périlleux de s'aventurer plus loin ? Pourtant, si leur sœur était en danger, il leur fallait se remettre en route sans perdre une minute. Bravant leur peur[16], ils continuèrent à avancer dans le bois. Ils veillaient à ne faire aucun bruit et progressaient à pas de loup. Soudain, un morceau de laine rouge apparut dans le faisceau de leur lampe torche*.

* Les hommes préhistoriques utilisaient des **torches** et des lampes pour s'éclairer. À Lascaux, on a retrouvé une centaine de ces lampes façonnées dans des pierres creusées en forme de cuillère et alimentées par de la graisse animale et des brindilles enflammées.

– C'est l'écharpe de Vénus, sanglota Jeanne. J'ai bien peur que l'on ne retrouve jamais notre sœur…

– Ne dis pas des choses pareilles ! Si on a retrouvé son écharpe, c'est qu'elle n'est pas bien loin. Mais maintenant, on arrête nos bêtises et on appelle les parents…

– Tu crois ? On va vraiment se faire salement gronder…

16. Braver sa peur, c'est la surmonter.

– On n'a pas le choix, c'est une question de vie ou de mort ! grogna rageusement Barnabé. On a été complètement idiots de ne prévenir personne. Et ce sera de notre faute s'il arrive malheur à Vénus !

Le jeune garçon comprenait que la situation devenait de plus en plus risquée, et que le recours aux adultes était devenu indispensable.

– Téléphone à ton père, ordonna-t-il à Jeanne, il faut absolument qu'il vienne nous aider !

La fillette plongea la main dans la poche de sa veste… puis jeta un regard stupéfait à Barnabé.

– Je… Je… l'ai… pas… hoqueta-t-elle, je… suis… dé… désolée…

– Hein ? Mais d'habitude, tu l'as toujours avec toi ! tempêta Barnabé. Ne me dis pas que pour une fois que l'on a besoin de ton portable, tu l'as oublié !

– Je… je ne comprends pas… J'ai dû le laisser dans la caravane, on est partis trop vite…

Barnabé réfléchit un instant…

– Tu vas retourner au camping pour donner l'alerte, dit-il à la fillette en pleurs. Et moi je ne bouge pas d'ici… Il faut qu'il y ait quelqu'un au cas où Vénus réapparaîtrait !

– D'acc… d'accord, bredouilla Jeanne. Mais…

Elle hésitait à partir, pas du tout rassurée à l'idée de retraverser seule cette horrible forêt.

– Allez, ce n'est pas le moment de manquer de courage, se moqua Barnabé. Vénus est plus jeune que toi et elle n'a pas hésité un instant, elle ! Tu veux que tout le monde te surnomme « princesse Dégonflée » maintenant ?

Un peu vexée, Jeanne s'enfonça dans le bois, déterminée à montrer qu'elle n'était pas une trouillarde…

1

Entoure le mot exact prononcé par Jeanne.

Si tu as un doute, relis le début du chapitre !

« Pas **d'inquiétude / de surprise**,
notre **grande / petite** sœur
est tellement **empotée / débrouillarde**
qu'elle parviendra **toujours / certainement**
à se tirer de **cette galère / d'affaire**. »

2

Réponds aux questions.

Quel objet, appartenant à Vénus, Barnabé et Jeanne découvrent-ils ?

....

Quel objet, habituellement dans sa poche, Jeanne n'a-t-elle pas cette nuit ?

....

Quel nouveau surnom Barnabé donne-t-il à Jeanne quand il la voit hésiter à traverser seule la forêt ?

....

3

Relie chaque phrase au type à laquelle elle correspond.

A. Ne dis pas n'importe quoi ! •
B. Téléphone à ton père tout de suite ! •
C. Quelle nuit ! •
D. File prévenir tes parents ! •
E. C'est une question de vie ou de mort ! •

• **1.** Phrase exclamative
• **2.** Phrase impérative

4

Conjugue le verbe entre parenthèses au temps demandé.

Vénus .... retrouver son chien.
(vouloir, imparfait)

Tu .... faire cet exercice ?
(pouvoir, futur)

Nous .... la grotte plus tard.
(voir, futur)

Clovis et Charles .... se coucher tôt.
(aller, futur)

Avant, je .... souvent la tête !
(faire, imparfait)

Vous .... la vérité !
(dire, imparfait)

5

Entoure le bon adjectif.

Une voix **tremblant / tremblante.**

Un garçon **courageux / courageuse.**

Des aventures **périlleuse / périlleuses.**

Des bruits **inquiétants / inquiétantes.**

MÉMO 13

6

C'est l'heure des devoirs dans le camping-car.
Toi aussi, **complète ces multiplications à trous.**

3 6 4	7 3 0	1 8
x	x	x ....
= 1 8 2 0	= 2 9 2 0	= 5 4

7

Voici l'exercice préféré de Barnabé !
Barre le nombre qui n'appartient pas à la table demandée.

Table de 6

48	6	54
12	42	30
36	24	43

Table de 9

65	54	27
45	63	36
72	18	81

Table de 4

30	24	20
8	28	16
32	12	36

8

MÉMO 26

Reproduis ce dessin en utilisant l'axe de symétrie rouge.

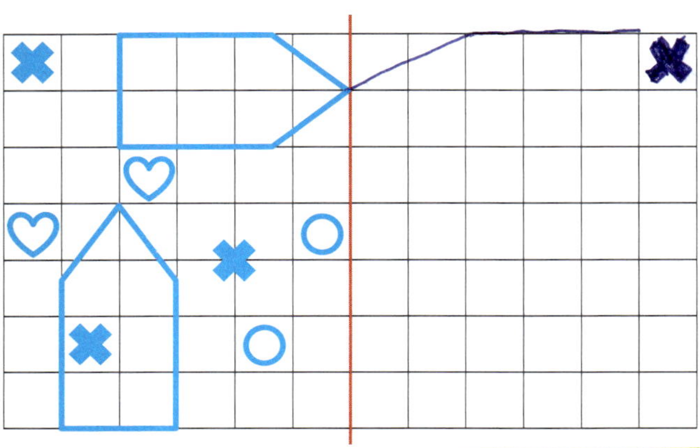

MATHS

9

La semaine dernière, les Balanchine sont allés visiter Limoges.

Ils ont d'abord fait un tour de petit train pour découvrir la ville, puis ils ont mangé une glace.

Boris et Barnabé ont choisi une glace à 3 boules, tandis que Vénus, Jeanne et Charles ont pris une glace à 2 boules.

Clovis s'est contenté d'une seule boule, et Kim n'a pas mangé de glace.

Combien a coûté la sortie au total ?

....

QUIZ

10

Vrai ou faux ?

Pour parvenir à peindre le haut des parois de Lascaux, les hommes préhistoriques se sont servis de troncs d'arbres en utilisant les branches les plus solides comme des barreaux d'échelle.

◯ Vrai. ◯ Faux.

CHAPITRE 8

Retrouvailles... humides !

Quelques minutes après avoir atterri au fond du trou, Vénus fut réveillée par… une grosse langue bien baveuse qui lui léchait méticuleusement le visage.

– Monsieur ! s'écria la fillette en riant. Eh bien, quel débarbouillage ! Arrête, tu me chatouilles !

Par chance, la chute de Vénus avait été amortie par le dos de Monsieur. À tâtons, elle se releva en prenant appui sur son chien. Elle secoua bras et jambes et constata avec satisfaction qu'elle n'avait mal nulle part !

« Ouf, se dit-elle, avoir une jambe cassée ici, c'est la mort assurée* ! Je me demande bien où nous sommes tombés… C'est le noir complet ! »

* Durant la Préhistoire, mieux valait ne pas être malade ! Les rares potions utilisées étaient préparées à base de plantes et, bien souvent, assez inefficaces pour guérir blessures et infections. **L'espérance de vie des hommes** était très faible : 8 sur 10 mouraient avant 30 ans !

Rapidement, elle attrapa le sac resté bien en place sur son dos et en sortit sa lampe électrique.

– Oh là là ! s'exclama la fillette dès que la lumière jaillit, on dirait bien que je suis prisonnière d'une grotte ! Je comprends pourquoi Monsieur n'a pas réussi à s'échapper, c'est profond ici, et l'espèce de toboggan sur lequel je suis tombée est bien trop raide pour qu'on le remonte…

Malgré la difficulté de la situation, Vénus ne se découragea pas. Elle saisit le téléphone portable qu'elle avait « emprunté » à sa sœur avant de quitter la caravane.

« Pour une fois que cet engin va servir à quelque chose d'utile ! pensa-t-elle en se remémorant les heures que passait Jeanne à papoter avec ses copines. Oh zut… pas de réseau ! J'aurais dû m'en douter, les appels ne passent pas sous terre. Il ne me reste qu'à hurler, j'espère que quelqu'un m'entendra… »

Se joignant aux cris de sa maîtresse, Monsieur se mit à grogner, puis à aboyer… À eux deux, le

concert de voix qu'ils donnaient était assourdissant et faisait presque trembler le sol !

Soudain, alors que tous deux reprenaient leur souffle, un drôle de bruit se fit entendre. Ils tendirent l'oreille : on aurait dit qu'un écho répondait à leur appel. Et bizarrement, celui-ci ne provenait pas du haut du trou.

– Je n'y comprends rien, gémit Vénus, un instant inquiète. D'où viennent ces voix ?

En regardant plus attentivement, la fillette aperçut une ouverture dans la paroi. On distinguait ensuite une sorte de tunnel rocheux. Mais, pour y parvenir, il fallait gravir plusieurs gros cailloux…

– Voilà pourquoi Monsieur est resté coincé ici, devina-t-elle, les chiens ne sont pas vraiment des champions d'escalade !

Sans perdre une minute, elle le saisit par le collier, et le hissa tant bien que mal jusqu'à l'entrée du tunnel. Celui-ci était assez bas et, pour avancer, la fillette devait se déplacer à quatre pattes. Monsieur la suivait de près.

– Brrr… Je n'aime pas vraiment ça, murmura-t-elle, s'il n'y a pas de sortie au bout, on devra rebrousser chemin…

Au même moment, des cris se firent de nouveau entendre : pas de doute, il s'agissait bien de voix humaines, mais maintenant elles étaient beaucoup plus proches et Vénus perçut nettement les appels au secours.

« Mais qui peut bien être par ici ? » se demanda-t-elle.

La fillette n'eut guère le temps de se poser d'autres questions : alors qu'elle arrivait au bout du tunnel, dans ce qui semblait être une nouvelle grotte, sa lampe éclaira trois hommes recroquevillés par terre, pieds et mains liés par de grosses chaînes.

FRANÇAIS

1

Entoure toutes les fautes et réécris la phrase correctement !
Si tu sèches, relis le début du chapitre !

Qeulques nimutes après avior attreri au fonp du trau,

Vénus fut véreillée par... une grose langeu bien baveuze.

....

....

....

2

Dans chaque série, trouve l'intrus et barre-le. MÉMO 1

CORPS HUMAIN	COMMUNICATION	ÉCLAIRAGE
dent	rappeler	allumer
édenté	appeler	lumière
dentiste	appel	lumineux
danseur	appareil	luxe
dentition	appellation	luminosité

3

Relie chaque début de phrase avec son complément d'objet. MÉMO 7

A. Vénus se lève et secoue ●
B. De son sac, la fillette sort ●
C. Elle éclaire ●
D. En regardant attentivement, elle découvre ●

● **1.** les parois de la grotte.
● **2.** une sorte de tunnel.
● **3.** une lampe électrique.
● **4.** ses jambes et ses bras.

4

Conjugue les verbes entre parenthèses au passé composé. MÉMO 11

La pauvre Vénus .... *(tomber)* au fond du trou. Heureusement, le dos de Monsieur .... *(amortir)* sa chute. La fillette .... *(repérer)* un tunnel : elle .... *(attraper)* son chien par le collier, l'.................................... *(hisser)* sur les rochers et tous les deux, ils .... *(marcher)* à quatre pattes !

5

Trouve le mot qui correspond à chaque définition. Écris-le au pluriel dans la grille.

A. Maison du roi. **B.** Mâle de la jument. **C.** On s'en sert pour faire des pâtés de sable. **D.** Celui de la France est bleu, blanc, rouge. **E.** On le lit pour connaître les nouvelles. **F.** Fenêtre colorée dans les églises. **G.** Les trains roulent dessus.

A								
B								
C								
D								
E								
F								
G								

Remets dans l'ordre les lettres des cases coloriées en vert et découvre le lieu où se passe le roman.

....

6

Casse-tête pour Vénus ce matin !
Observe le code et trouve les nombres représentés en les additionnant.

A = ...

B = ...

C = ...

D = ...

Classe les nombres dans l'ordre croissant.

.... < .... < .... < ....

7

Vénus rechigne à calculer ces opérations : elle préfère jouer avec Monsieur ! À toi de faire son travail…
Termine les égalités. À chaque fois, choisis le(s) plus petit(s) chiffre(s) possible(s) pour compléter les multiplications.

a. 17 = (4 x ....) + ...

b. 62 = (........ x 7) + ...

c. 50 = (7 x ....) + ...

d. 26 = (3 x ....) + ...

e. 30 = (........ x ....) + 0

f. 99 = (........ x ....) + 9

MATHS

8

Remplis ce carré magique.

	6	
8		12
9	14	

La somme de chaque colonne, de chaque ligne et de chaque diagonale est 30.

9

Résous ce problème.

À la grotte de Lascaux, des visites guidées sont organisées. Chaque guide emmène 8 personnes. À l'ouverture, 37 personnes attendent.

Combien de groupes peuvent être constitués ?

....

Combien de personnes devront attendre le groupe suivant ?

....

QUIZ

10

Coche la bonne réponse.

Qu'utilisent les hommes préhistoriques pour fabriquer leurs peintures ?

- ◯ **A.** De la terre, du charbon de bois et des roches.
- ◯ **B.** De l'encre de Chine.
- ◯ **C.** Des œufs et du sang de poulet.

CHAPITRE 9

Pris au piège

Vénus regarda bouche bée les trois individus. Ils semblaient épuisés et leurs vêtements sales laissaient penser que cela faisait un moment qu'ils étaient au fond de cette grotte. La fillette n'en croyait pas ses yeux ! Immédiatement, elle se rappela l'enquête de son père.

– Mais… mais… vous ne seriez pas… balbutia-t-elle timidement, sans pouvoir terminer sa phrase.

Les hommes étaient tellement surpris de voir une enfant et un chien débarquer dans la grotte qu'il leur fallut quelques secondes pour réagir.

– Je m'appelle Yvan, je suis paléontologue, répondit le plus âgé, et voici Dimitri et Salvatore, eux sont peintres. Deux malfaiteurs nous ont kidnappés il y a une semaine et, depuis, ils nous retiennent pri-

sonniers ici. Ils veulent que l'on imite les fresques peintes par les hommes préhistoriques.

– Mais pourquoi ? interrogea Vénus.

– Ils veulent faire croire au monde entier qu'ils ont découvert une nouvelle grotte de Lascaux, expliqua Dimitri. Et grâce à cette supercherie, ils sont persuadés de gagner beaucoup d'argent.

– Mais on les a bien eus, renchérit Salvatore. Éclaire cette paroi, et tu comprendras !

La fillette braqua sa torche sur le mur et éclata de rire !

– Des tyrannosaures* ! Trop drôle ! gloussa-t-elle. Jamais les hommes de Lascaux n'auraient pu dessiner de tels animaux… Ne me faites pas croire qu'ils ont gobé ça, vos malfaiteurs !

* Aucun homme préhistorique n'a jamais croisé le moindre **dinosaure** ! Ceux-ci ont disparu il y a 65 millions d'années, alors que les premiers hominidés sont apparus il y a seulement 7 millions d'années !

– Ils sont vraiment idiots, hein ? Tout le monde sait bien que les dinosaures ont disparu bien avant l'arrivée des premiers hommes. Mais toi, que fais-tu avec ton chien ? s'inquiéta le paléontologue. C'est de la folie de se hasarder par ici !

Vénus raconta brièvement son histoire.

– Tes parents vont être très inquiets quand ils s'apercevront de ta disparition.

La fillette baissa la tête et ne répondit pas. Elle savait qu'elle avait commis une grave erreur et préférait ne pas trop penser aux conséquences de sa mésaventure.

– Raoul et Robert ne vont pas tarder à venir nous mettre au travail, poursuivit Salvatore. Ce ne sont peut-être que deux crétins, mais ils sont vraiment dangereux, ces gars. On ne sait même pas ce qu'ils feront de nous quand on aura fini la fresque…

– Mieux vaut ne pas y penser, murmura Yvan.

– S'ils te voient là, tu risques bien de finir attachée comme nous… ajouta Dimitri à l'intention de la fillette. Et la clé de nos chaînes ne quitte jamais leur poche. Ils nous libèrent simplement les mains pour peindre…

Vénus comprit qu'elle aussi était prise au piège. En tentant de gagner la sortie de la grotte pour donner l'alerte, elle risquait de tomber sur les deux malfaiteurs. Le plus sage était qu'elle se cache dans un coin sombre…

– Le problème, soupira-t-elle, ça va être Monsieur… S'il aboie, on est tous fichus !

* * *

De son côté, Jeanne n'avait pas perdu de temps : en moins de vingt minutes, elle avait rejoint le camping-car, et tambourinait maintenant de toutes ses forces contre la porte.

– Papa… Papa… Kim… Vite… Ouvrez-moi ! hurla-t-elle entre deux sanglots.

Boris et Kim bondirent de leur lit et, horrifiés, ils écoutèrent le récit de la fillette.

– J'appelle les flics, dit Boris en s'habillant à la hâte. Kim, tu restes là avec les petits, et toi Jeanne, tu viens avec moi. Il faut que tu me montres le chemin que vous avez pris.

Le visage décomposé, des larmes plein les yeux, Kim acquiesça en silence et les regarda s'éloigner.

1

Remets les lettres dans l'ordre et trouve le nom d'un animal dont on parle dans le chapitre 9.

N E N O R T A A Y U S R

....

2

Vrai ou faux ? Coche la bonne réponse.

VRAI	FAUX	
○	○	**A.** Deux malfaiteurs ont enlevé le paléontologue et les deux peintres.
○	○	**B.** Le paléontologue s'appelle Dimitri.
○	○	**C.** Vénus découvre des brachiosaures dessinés sur les parois de la grotte.
○	○	**D.** Les dinosaures ont disparu il y a 65 millions d'années.

3

Relie chaque pronom au groupe nominal qui correspond.

A. Nous ●	● **1.** Toi et Vénus
B. Ils ●	● **2.** Moi
C. Tu ●	● **3.** Les enfants
D. Je ●	● **4.** Charles et moi
E. Vous ●	● **5.** Jeanne
F. Elle ●	● **6.** Toi

4

Vénus n'a pas envie de faire son exercice de conjugaison… Aide-la !
Souligne en rouge les verbes conjugués au passé composé.

- nous sommes venus
- j'irai
- ils sont tombés
- vous disiez
- elle apprenait
- j'ai joué
- vous avez réussi
- tu riais
- tu as menti

5

Vénus a complètement raté son exercice !
Kim a souligné toutes ses erreurs.
Recopie les phrases en corrigeant les fautes.

Ont mange de bons sandwichs.

Clovis et Barnabé son allés à la piscine.

Jeanne a mis sont pull à l'envers !

Les malfaiteurs on enlevé le paléontologue.

……………………………………………………………………………………

……………………………………………………………………………………

……………………………………………………………………………………

……………………………………………………………………………………

6

Chouette, des maths : Vénus adore ça !
Et toi, sauras-tu résoudre cet exercice aussi bien qu'elle ? **Complète les cases.**

2	....	12	....	9	....	15
10	35	....	....	....	20	75
100	....	....	500	....	....	....

x .... (1st row → 2nd row) ; : 5 (2nd row → 1st row)

x .... (2nd row → 3rd row) ; : 10 (3rd row → 2nd row)

x 50 (1st row → 3rd row) ; : 50 (3rd row → 1st row)

7

Entoure les solides.

MÉMO 31

8

Boris pose une devinette à Vénus, Barnabé et Jeanne. Qui a la bonne réponse ? **Coche-la.**

La masse de notre camping-car est de 3,5 tonnes. Qui saura la convertir en kilos ?

◯ « Facile, dit Barnabé, ça fait 350 kilos ! »

◯ « Pas du tout, répond Jeanne, ça fait 3 500 kilos. »

◯ « Vous vous trompez tous, rétorque Vénus, la bonne réponse est 35 000 kilos ! »

MATHS

9

Résous ces problèmes.

Vénus a commencé son travail scolaire à 9 h 15.
À 10 heures, elle a fait une pause de 30 min,
puis elle s'est remise à son bureau jusqu'à 11 h 30.
Combien de temps a-t-elle travaillé en tout ?

....

La caravane des Balanchine pèse 1 500 kg.
Combien pèse-t-elle en grammes ?

....

La gourde de Vénus contient 0,6 l d'eau.
Combien contient-elle en centilitres ?

....

MÉMOS 28, 29 ET 30

QUIZ

10

Coche la bonne réponse.

Notre ancêtre direct est l'*Homo sapiens*.
Que signifie ce nom ?

◯ **A.** Homme des sapins.

◯ **B.** Homme super sapé.

◯ **C.** Homme savant.

CHAPITRE 10

Enfin libres !

En courant, Jeanne gagna le bois, talonnée[17] par son père. Celui-ci, le téléphone vissé à l'oreille, décrivait la disparition au commandant de la gendarmerie.

– J'envoie une équipe immédiatement, promit ce dernier, mais surtout, ne tentez rien par vous-mêmes… Attendez que nous soyons sur place…

– Ma fille est peut-être blessée au fond d'un trou, s'énerva Boris, le temps presse !

Il fourra le portable dans sa poche et reprit sa course. Quelques minutes plus tard, le père et la fille stoppèrent net leur progression : au loin, un cri de douleur venait de déchirer le silence de la nuit.

17. Être talonné par quelqu'un : être suivi de très près.

– Éteins ta lampe, lui ordonna son père dans un souffle, mieux vaut ne pas nous faire voir…

Sans bruit, ils parvinrent à l'endroit où Barnabé avait promis de les attendre.

– Il n'est plus là… mais regarde, il a laissé ça ! gémit Jeanne en ramassant l'écharpe rouge de Vénus.

Au même moment, leur attention fut attirée par deux hommes qui gesticulaient non loin de là. Barnabé était fermement maintenu par l'un d'eux et, à voix basse, les deux individus se disputaient.

– Aïïïeee ! Mais il va se calmer, ce môme, beugla l'un des malfaiteurs, il m'a mordu !

– Tais-toi et bâillonne-le au lieu de te plaindre tout le temps !

Soudain, Jeanne se figea.

– J'ai… j'ai déjà vu ces hommes, bredouilla-t-elle.

Et elle rapporta à son père la conversation qu'elle avait entendue le matin même.

– On va les suivre à distance, chuchota Boris, ils sont peut-être armés… Mieux vaut ne faire courir aucun risque à Barnabé.

En essayant de ne pas faire de bruit, Jeanne et Boris suivirent les deux individus. Brusquement, ils disparurent de leur vue.

– Ils sont entrés dans cette grotte, souffla Boris.

Immédiatement, il recontacta la gendarmerie pour leur signaler leur position GPS : les renforts seraient là d'un instant à l'autre. Incapables d'attendre plus longtemps, Boris et Jeanne pénétrèrent dans la caverne. Rapidement, leurs pas furent guidés par des explosions de voix et des aboiements virulents.

– Ça… c'est Monsieur ! s'exclama Jeanne.

Après être passés par un étroit tunnel, ils débouchèrent dans une vaste salle. Le spectacle qui s'offrit à leurs yeux était incroyable : Monsieur, en grande forme, plantait ses crocs dans la cuisse du plus grand des malfaiteurs qui hurlait de douleur. Barnabé et Vénus maintenaient fermement l'autre individu à terre, tandis que trois hommes assis tentaient d'ouvrir les cadenas des chaînes qui entravaient leurs jambes et leurs mains.

Sans plus attendre, Boris se jeta dans la mêlée et prêta main-forte à ses enfants.

À cet instant, six gendarmes arrivèrent au pas de course, l'arme au poing…

– J'ai l'impression qu'on arrive après la bataille, remarqua l'un d'eux, tout en menottant le plus agité des malfaiteurs.

– Mais… on dirait que c'est le paléontologue et les deux peintres disparus, reprit un autre.

– Oui ! On a réussi à neutraliser leurs kidnappeurs !

expliqua Vénus. Quand Monsieur a vu que Barnabé était en danger, il a bondi sur celui qui le tenait, et ne l'a plus lâché !

– J'en ai profité pour me libérer, pendant que Vénus tentait d'assommer le deuxième gars avec sa gourde métallique ! poursuivit Barnabé.

– Et là, on venait juste de trouver la clé des cadenas quand vous êtes arrivés, précisa la courageuse fillette.

– Franchement, je crois que l'on a eu beaucoup de chance, reconnut Yvan, soulagé de voir les malfaiteurs partir avec les gendarmes.

Et s'adressant à Boris, il poursuivit :

– Même si vos enfants ont fait une grosse bêtise en sortant seuls la nuit, grâce à eux, nous sommes libres !

Au même moment, Vénus s'approcha de sa sœur et lui tendit son téléphone.

– Je suis désolée de te l'avoir emprunté sans t'avertir… reconnut-elle.

– Bon, filons maintenant, l'interrompit Boris, maman doit être morte d'inquiétude, il faut la rassurer. Heureusement que toute cette histoire se termine bien !

– Tout ça, grâce à Monsieur ! s'écria joyeusement Vénus. S'il n'était pas tombé dans ce trou…

– En tout cas, il aura bien mérité un gros morceau de camembert en récompense ! répliqua Jeanne.

En entendant ce mot magique, Monsieur dressa l'oreille. Humm… Du camembert… Finalement, le fromage, c'était aussi bon que les truffes et… beaucoup moins dangereux à dénicher !

1

Par erreur, Charles a découpé le texte que Vénus lisait.
Remets les étiquettes dans l'ordre pour former une phrase. Recopie-la ci-dessous.

dénicher.	c'était aussi	bon que	beaucoup moins
Finalement, le fromage,	les truffes et…	dangereux à	

....

....

2

Boris a écrit un article pour son journal.
Mais il s'est un peu trompé. **Barre les mots en trop.**
Indice : il y en a 19.

Grâce à trois treize enfants très délicats débrouillards et or un peu casse-cou casse-tête, le des paléontologue et professeur les deux peintres ont été mangé retrouvés sains pas et saufs ! Ils avaient été ensorcelés enlevés la semaine prochaine dernière par deux anges malfaiteurs. Ceux-ci souhaitaient exploiter mes leurs connaissances et galoper gagner de l'argent faiblement facilement. Maintenant, ceux-ci ont sont sous sur les verrous serrures, et le mystère meurtre s'est enfin éclairci épaissi !

3

Vénus ne comprend rien à cet exercice de grammaire : fais-le à sa place.
Forme des adverbes à partir des adjectifs suivants.

- délicieux ➜ ....
- sérieux ➜ ....
- lent ➜ ....
- poli ➜ ....
- gentil ➜ ....

4

Retrouve l'infinitif des verbes et place-les dans la grille, en suivant l'ordre indiqué entre parenthèses.

Vénus **ira (1)** à la piscine avec son frère.
Pourras (5) -tu venir avec moi ? Vous **faites (6)** trop de bruit ! Nous **résolvons (4)** un problème difficile.
Les enfants **reviendront (2)** vite au camping.
Je **veux (3)** manger un bonbon !

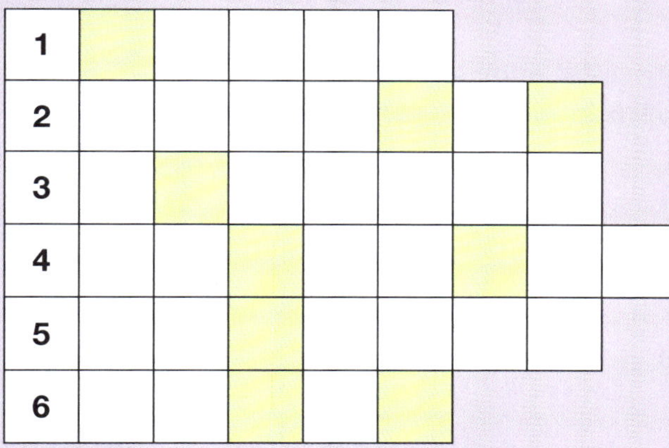

Remets dans l'ordre les lettres des cases colorées et découvre un animal que les hommes préhistoriques n'ont jamais rencontré.

....

5

Charles s'est amusé à effacer certaines lettres dans l'exercice de Vénus. **Complète les mots avec in / im / on / om / an / am.**

t........bre, lap........, ch........bre, p........pier, tr........pette,

l........pe, m........ger, mat........, t........bour, m........tagne.

6

Vénus s'est un peu embrouillée dans l'exercice…
Place les parenthèses pour que l'égalité soit juste.

6 + 3 x 4 + 2 = 54.

12 – 6 x 25 – 15 = 60.

532 + 341 x 30 – 30 = 0.

7

Remplis la grille avec les résultats de tes opérations.

HORIZONTALEMENT

1. 50 000 + 1 564 = ……………

2. 5 x 7 = ……………

99 – 22 = ……………

3. 22 x 11 = ……………

(10 + 12) – (18 + 4) = ……………

4. (5 x 5) – (4 x 4) = ……………

952 – 99 = ……………

5. (9 x 1 000) + (1 x 100) + 4 = ……………

	A	B	C	D	E
1					
2			■		
3				■	
4		■			
5					■

VERTICALEMENT

A. (530 x 100) + 299 = ……………

B. (15 x 10) + 4 = …………… 8 : 2 = ……………

C. 20 : 4 = …………… (100 x 2) + (10 x 8) = ……………

D. 50 + 10 + 7 = …………… (8 x 7) – 2 = ……………

E. (47 x 100) + 3 = ……………

MATHS

8

Vénus n’a rien écouté pendant la leçon sur les solides. Viens à son secours !
Complète le tableau.

	Nom du solide	Nombre de faces	Nombre de sommets	Nombre d’arêtes
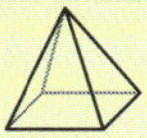				8
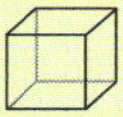			8	
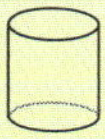	Cylindre		0	

9

Quatre enfants comparent leur taille.
En utilisant les informations ci-dessous, classe-les du plus petit au plus grand.

- Théo est plus grand que Léa.
- Léa est plus petite qu’Alice.
- Jules est plus petit que Léa.
- Alice est plus grande que Théo.

.... < .... < .... < ....

QUIZ

10

Vrai ou faux ?

Les hommes préhistoriques vivaient au fond des grottes.

◯ Vrai. ◯ Faux.

CORRIGÉS

CHAPITRE 1

FRANÇAIS

1 C.

2 **A.** Jeanne, **B.** Vénus, **C.** Boris.

3 – Ce matin, on va tous à la grotte de Lascaux, annonce Kim.
– C'est loin ? demande Jeanne.
– Non, c'est à seulement deux kilomètres, répond son père.
– Mais c'est horrible ! s'exclame la fillette qui déteste la marche à pied.

4 Durant toute la période de la Préhistoire, les hommes vont apprendre à tailler les pierres et à fabriquer des outils, et peu à peu ils vont maîtriser le feu. Vers 40 000 ans avant Jésus-Christ, ils vont commencer à orner les parois des grottes de peintures et de sculptures.

5 « Grogner », « marmonner », « râler » et « bougonner » sont des synonymes du verbe « ronchonner ».

MATHS

6 594.

7 L'australopithèque est apparu il y a 3,3 millions d'années (– 3 300 000).
L'*Homo habilis*, il y a 2,5 millions d'années (– 2 500 000).
L'*Homo erectus*, il y a 1,6 million d'années (– 1 600 000).
L'*Homo sapiens*, il y a 100 000 ans (– 100 000).

8

$$\begin{array}{r} 34 \\ +\ 65 \\ \hline 99 \end{array} \text{ (N)} \qquad \begin{array}{r} 143 \\ +\ 28 \\ \hline 171 \end{array} \text{ (S)} \qquad \begin{array}{r} 383 \\ +\ 95 \\ \hline 478 \end{array} \text{ (E)}$$

$$\begin{array}{r} 27 \\ +\ 653 \\ \hline 680 \end{array} \text{ (V)} \qquad \begin{array}{r} 342 \\ +\ 99 \\ \hline 441 \end{array} \text{ (U)}$$

Le prénom à trouver est « VÉNUS ».

9 Vrai ; faux ; faux ; vrai.

QUIZ

10 **B.** Les *Homos habilis*, apparus il y a environ 2 millions et demi d'années, sont les premiers à tailler des pierres dont ils se servent ensuite pour découper des morceaux de viande ou casser des os.

CHAPITRE 2

FRANÇAIS

1 Dans la grotte de Lascaux, les enfants ont vu un aurochs, un cerf, un cheval et une licorne.

2 **B.**

3 Un paléontologue et deux peintres sont portés disparus depuis une semaine. Où peuvent-ils être ? Les a-t-on kidnappés ? C'est un mystère ! Boris enquête sur l'affaire. Avec l'aide de la police, il espère dénouer cette énigme. Y parviendra-t-il ? Quel suspense !

4 Les Balanchine **sont** devant la grotte, ils **ont** hâte d'y pénétrer !

Sur les parois, il y **avait** des dessins d'aurochs et de cerfs. Les hommes préhistoriques **étaient** de bons peintres !

« Je **serai** de retour à midi, annonce Boris. En attendant, j'espère que vous **serez** tous intéressés par la visite et que vous n'**aurez** pas trop froid dans la grotte. »

5 Dans l'ordre alphabétique :
Barnabé, Boris, Charles, Clovis, Jeanne, Kim, Monsieur, Vénus.

Le code secret de la messagerie de Boris est : **BBCCJKMV.**

CORRIGÉS

CHAPITRE 2

MATHS

6 W = 1 ; X = 2 ; Y = 3 ; Z = 4.

123 + 321 = 444.

● = 1 ; ▲ = 2 ; ■ = 3 ; ◆ = 4 ; ✱ = 5 ; ✪ = 6.

3 214 + 1 342 = 4 556.

7 Vénus a ramassé **6** champignons, Charles **12**, Barnabé **18**, Clovis **4** et Jeanne **8**.

8 Il y a **6 polygones.**

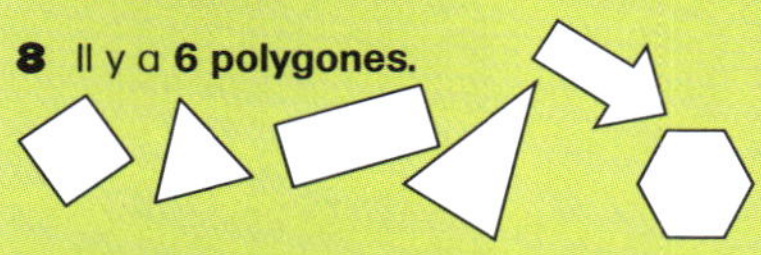

9 **C.** La caissière rend à Kim 1 billet de 5 €, 1 pièce de 2 €, 1 pièce de 1 € et 1 pièce de 10 c.

QUIZ

10 **Vrai.** La grotte de Lascaux a été ouverte au public pendant une quinzaine d'années, puis les spécialistes se sont aperçus qu'elle s'abîmait très vite. Alors, ils ont fidèlement reproduit certaines peintures dans une autre grotte. Et maintenant, c'est une copie de Lascaux que l'on peut admirer !

CHAPITRE 3

FRANÇAIS

1 **Kim** et les enfants font une **balade** dans la **forêt**. Comme d'habitude, **Jeanne** râle et traîne les **pieds** alors que Clovis, tout **joyeux**, saute dans toutes les **flaques** de boue ! **Charles** cherche des copains pour ses deux **escargots** Zig et Zag. Vénus et Barnabé aimeraient bien **explorer** d'autres **grottes** mais Kim n'est pas d'accord : c'est bien trop **dangereux** !

2 **B.**

FRANÇAIS

3 Kim **n'**aime **pas** explorer les grottes très sombres. / Vénus **ne** parle à **personne**. / Clovis **ne** saute **jamais** dans les flaques de boue. / Jeanne **n'**apprécie **rien** ! / Charles **ne** veut **plus** rester dans la forêt. / Boris **n'**a obtenu **aucune** information.

4 « Avec Barnabé, nous **cherchons** d'autres grottes ! » **s'exclame** Vénus. Jeanne **gémit** : elle **déteste** les balades en forêt ! « Vous ne **quittez** pas le chemin, et vous ne **désobéissez** pas », **ordonne** Kim. Clovis et Charles **franchissent** l'entrée de la caverne mais ils ne **restent** pas longtemps : c'est trop sombre là-dedans !

5 « Tu **es** vraiment courageuse, dit Clovis **à** sa sœur Vénus avec envie, **et** tu n'**as** jamais peur de rien ! Ce n'**est** pas comme Monsieur : il **est** souvent inquiet **et** il **a** toujours la trouille qu'on l'abandonne ! »

MATHS

6 795 − 122 = **673.**
3 273 − 2 163 = **1 110.**
8 996 − 7 073 = **1 923.**
9 914 − 2 302 = **7 612.**

Vénus a 9 ans (7 + 1 + 1 = 9).

6					
7	6	1	2		
3		1			
		1	9	2	3
		0			

7 C'est **Barnabé** qui est le plus près des 639 km annoncés par Boris.
Il a calculé : **320 km x 2 = 640 km.**
Vénus a estimé le parcours à 600 km (350 + 250 = 600) et Jeanne à 700 km (350 x 2 = 700).

8 La famille a mis **1 h 30** à se préparer (30 min de 6 h 30 à 7 heures, puis 1 h de 7 heures à 8 heures).

Les Balanchine quittent la grotte à **11 heures** (9 h 45 + 15 min = 10 h, 10 h + 1 h = 11 h).

CORRIGÉS

CHAPITRE 3

MATHS

9

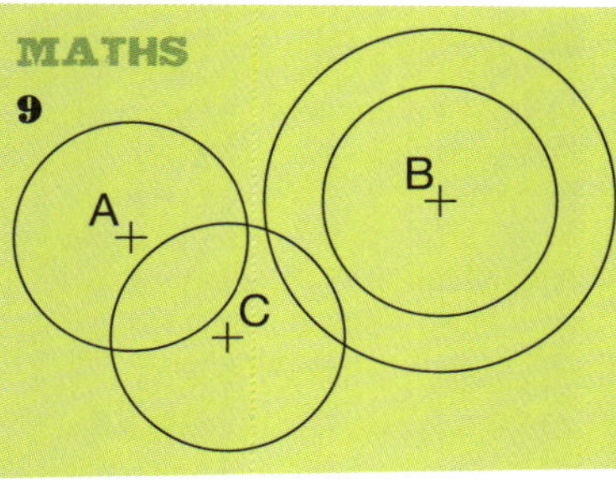

QUIZ

10 A. C'est en Afrique, il y a environ 2,4 millions d'années, qu'apparaissent les premiers hommes appelés *Homo habilis*. Ce n'est que 1 million d'années plus tard qu'ils commencent à conquérir les autres continents, d'abord l'Asie, puis l'Europe et enfin l'Amérique et l'Océanie.

CHAPITRE 4

FRANÇAIS

1 **1 :** D ; **2 :** B ; **3 :** F ; **4 :** C ; **5 :** A ; **6 :** E.

2 A.

3 **Monsieur** a disparu. **Il** n'est plus au camping... **Vénus** est très inquiète : **elle** l'appelle mais **son chien** ne répond pas. **Kim et Boris** ne comprennent pas ce qui s'est passé et **ils** décident de partir à sa recherche.

4 1. **gambaderons** ; 2. **finiront** ; 3. **arriveras** ; 4. **pleurerai** ; 5. **grossiront** ; 6. **rassureront** ; 7. **agirez** ; 8. **réunira**.

Le nom du héros de l'histoire à trouver est **Monsieur.**

5 1 : **C** ; 2 : **E** ; 3 : **A** ; 4 : **B** ; 5 : **D**.

MATHS

6 Le chiffre à trouver est **980 345**.

7 Le nombre secret est **0**.

(20 + 15 = 35 ; 35 − 6 = 29 ; 29 + 10 = 39 ; 39 − 20 = 19 ; 19 + 1 = 20 ; 20 − 20 = 0).

8 Un camping-car se mesure en **mètres**, une puce sur le dos de Monsieur en **millimètres**, le téléphone de Jeanne en **centimètres**, la distance Paris-Lascaux en **kilomètres**.

9 **A.** En sortant son porte-monnaie, Kim se demande **combien elle va payer pour tous ces achats.**

Elle va payer 40 € (16 € + 12 € + 9 € + 3 € = 40 €).

QUIZ

10 B. Il y a environ 3 millions d'années, les hommes préhistoriques perfectionnent leurs outils. Désormais, ils ne taillent plus simplement l'extrémité de la pierre mais tout son pourtour, de manière assez symétrique. Certains chercheurs pensent que les hommes veulent ainsi fabriquer un objet à la fois utile et esthétique.

CHAPITRE 5

FRANÇAIS

1

Clovis | Vénus | Charles

Barnabé | Jeanne

Jeanne reste au camping-car.

2 C.

CORRIGÉS

FRANÇAIS

3 La famille Balanchine quitte le camping, à la recherche de Monsieur. Kim, Barnabé et Clovis partent vers la rivière, tandis que Boris, Vénus et Charles gagnent la forêt.

4

D	G	F	N	J	S	G	R	X
S	R	A	L	A	I	S	O	K
U	N	I	A	D	P	M	U	U
R	R	B	B	O	G	I	G	Y
S	A	L	I	S	S	A	I	S
A	V	I	O	E	M	E	S	T
U	M	S	C	V	J	L	S	F
T	I	S	T	A	B	I	I	G
I	P	A	E	P	E	C	O	A
E	V	I	D	A	I	E	N	T
Z	M	T	O	L	P	C	S	F

Râler : **1er groupe** ;
salir : **2e groupe** ; vider : **1er groupe** ;
sursauter : **1er groupe** ;
faiblir : **2e groupe** ; rougir : **2e groupe**.

5 Les escargots de Charles avancent lentement.

Les hommes se cachent dans la forêt.

Les chiens gambadent vers Vénus.

MATHS

6 **159** (743 – 584) ; **74** (159 – 85) ; **85** (584 – 499) ; **38** (74 – 36) ; **36** (85 – 49) ; **49** (499 – 450).

		743	
	159	584	
74	85	499	
38	36	49	450

MATHS

7 Boris est né en **1966** (2015 – 49 = 1966) et Kim est née en **1977** (2015 – 38 = 1977).

8

1	4	6	9	11	14	16	19	21	24
+3	+2	+3	+2	+3	+2	+3	+2	+3	

9

	Barnabé CM2	Jeanne CM1	Vénus CE2	Charles CE1	Clovis CP	TOTAL *par matière*
FRANÇAIS	12	8	10	9	12	51
MATHS	14	15	12	8	6	55
ANGLAIS	5	5	5	2	0	17
SCIENCES	3	1	2	1	2	9
DÉCOUVERTE DU MONDE	2	3	3	3	1	12
TOTAL *par enfant*	36	32	32	23	21	144

Kim va corriger **51** exercices de français (12 + 8 + 10 + 9 + 12).
C'est **Jeanne** qui a le plus d'exercices de maths (15).
C'est **Vénus** qui a 5 exercices d'anglais et 10 de français à faire.
C'est **Clovis** qui a 15 exercices de moins que Barnabé à faire (36 – 15 = 21).

QUIZ

10 A. Au début, les hommes ne savent pas faire de feu : ils ramassent des débris enflammés par un incendie et les conservent précieusement en entretenant le feu en permanence dans le campement. Puis, il y a environ 500 000 ans, les hommes découvrent comment maîtriser et « fabriquer » le feu, d'abord en frottant deux bâtons l'un contre l'autre puis, plus tard, en frappant un silex contre une pierre contenant du fer.

CORRIGÉS

CHAPITRE 6

FRANÇAIS

1 écharpe, bonnet, robe, basket, jupe.

2 Faux ; vrai ; faux ; faux ; vrai.

3 **Où** Vénus est-elle allée ?
Quand irez-vous visiter la grotte ?
Qui réveille Jeanne à minuit ?
Que fait Barnabé ?
Combien as-tu payé ce livre ?

4

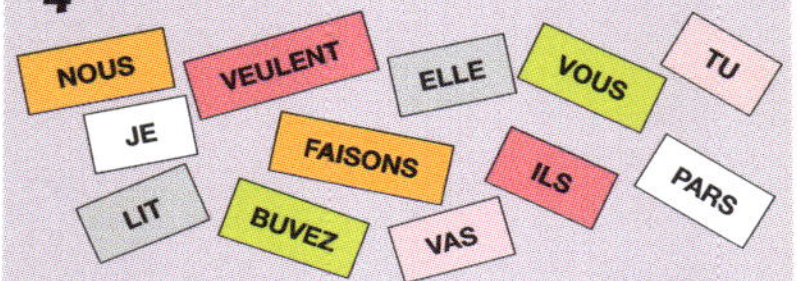

L'infinitif de ces 6 verbes est : **partir, aller, lire, faire, boire, vouloir.**

5 **Les chiens gambadent** dans la forêt.
Les cousins de Vénus **habitent** en Chine.
Les journalistes enquêtent sur une disparition.

MATHS

6 **3** – 20 000 ans, apparition de l'aiguille à coudre.
2 – 500 000 ans, maîtrise du feu.
5 – 15 000 ans, domestication du loup.
6 – 13 000 ans, création des premières poteries.
4 – 18 000 ans, peintures de la grotte de Lascaux.
1 – 2 000 000 ans, fabrication des premiers outils avec des pierres.

7 37 + 37 + 37 + 37 + 37 + 37 = **37 x 6 = 222.**

9 + 9 + 9 + 9 + 9 + 9 + 9 + 9 + 9 + 9 = **9 x 10 = 90.**

MATHS

8

20	2	23	21	56	32
25	13	35	67	26	15
43	42	3	28	50	31
7	51	5	76	63	49
30	14	19	11	45	41
70	48	40	99	10	66

La case à la fois verte et rouge est **35.**

9 Pour le pique-nique, Kim a payé **26 €** en tout.

((4 x 1 €) + (3 x 2 €) + 12 € + (2 x 2 €) = 4 € + 6 € + 12 € + 4 € = 26 €).

QUIZ

10 **C.** Comme nous, les hommes préhistoriques sont omnivores, c'est-à-dire qu'ils se nourrissent d'aliments d'origine végétale et animale. Les hommes chassent et pêchent avec des outils de plus en plus perfectionnés, tandis que les femmes et les enfants se consacrent à la cueillette des végétaux. Grâce à la maîtrise du feu, il leur est possible de cuire ces aliments.

CHAPITRE 7

FRANÇAIS

1 « Pas d'inquiétude, notre petite sœur est tellement débrouillarde qu'elle parviendra toujours à se tirer d'affaire. »

2 Barnabé et Jeanne découvrent l'**écharpe rouge** de Vénus.
Jeanne a oublié **son téléphone**.
Barnabé surnomme Jeanne « **princesse dégonflée** ».

CORRIGÉS

CHAPITRE 7

FRANÇAIS

3 A. 2. ; B. 2. ; C. 1. ; D. 2. ; E. 1.

4 Vénus **voulait** retrouver son chien.
Tu **pourras** faire cet exercice ?
Nous **verrons** la grotte plus tard.
Clovis et Charles **iront** se coucher tôt.
Avant, je **faisais** souvent la tête !
Vous **disiez** la vérité !

5 Une voix ~~tremblant~~ / **tremblante**.
Un garçon **courageux** / ~~courageuse~~.
Des aventures ~~périlleuse~~ / **périlleuses**.
Des bruits **inquiétants** / ~~inquiétantes~~.

MATHS

6

$$364 \times 5 = 1\,820 \qquad 730 \times 4 = 2\,920 \qquad 18 \times 3 = 54$$

7

Table de 6

48	6	54
12	42	30
36	24	~~43~~

Table de 9

~~65~~	54	27
45	63	36
72	18	81

Table de 4

~~30~~	24	20
8	28	16
32	12	36

8

9 Le trajet de train a coûté **41 €**
(8 € x 2) + (5 € x 5) = 16 € + 25 €.

Les glaces ont coûté **19 €**
(4 € x 2) + (3 € x 3) + (2 € x 1)
= 8 € + 9 € + 2 €.

La sortie a coûté 60 €
(41 € + 19 €).

QUIZ

10 **Vrai.** Les chercheurs ont retrouvé des morceaux de charbon de bois : ceux-ci ont vraisemblablement été utilisés pour construire ces échafaudages. De plus, des trous permettant de fixer ces installations ont également été découverts dans certaines parois de la grotte.

CHAPITRE 8

FRANÇAIS

1 Quelques minutes après avoir atterri au fond du trou, Vénus fut réveillée par... une grosse langue bien baveuse.

2 L'intrus est :
CORPS HUMAIN : **danseur**
COMMUNICATION : **appareil**
ÉCLAIRAGE : **luxe**

3 A. 4. ; B. 3. ; C. 1. ; D. 2.

4 La pauvre Vénus **est tombée** au fond du trou. Heureusement, le dos de Monsieur **a amorti** sa chute. La fillette **a repéré** un tunnel : elle **a attrapé** son chien par le collier, l'**a hissé** sur les rochers et tous les deux, ils **ont marché** à quatre pattes !

5 Le roman se passe à LASCAUX !

A	C	H	A	T	E	A	U	X
B	C	H	E	V	A	U	X	
C	S	E	A	U	X			
D	D	R	A	P	E	A	U	X
E	J	O	U	R	N	A	U	X
F	V	I	T	R	A	U	X	
G	R	A	I	L	S			

CORRIGÉS

CHAPITRE 8

MATHS

6 **A** = 31 221 ; **B** = 22 221 ;
C = 22 122 ; **D** = 12 313.
12 313 < 22 122 < 22 221 < 31 221.

7 **a.** 17 = (4 x 4) + 1.
b. 62 = (8 x 7) + 6.
c. 50 = (7 x 7) + 1.
d. 26 = (3 x 8) + 2.
e. 30 = (5 x 6) + 0.
f. 99 = (10 x 9) + 9.

8

13	6	11
8	10	12
9	14	7

9 **4 groupes** peuvent être constitués pour les visites guidées (4 x 8 = 32).

5 personnes devront attendre le groupe suivant (37 – 32 = 5).

QUIZ

10 **A.** Les artistes préhistoriques fabriquent leurs peintures à partir de matières naturelles qui sont broyées et réduites en poudre. Les couleurs utilisées sont le noir, le rouge et le jaune.

CHAPITRE 9

FRANÇAIS

1 Le nom de l'animal à trouver est **TYRANNOSAURE**.

2 **A.** vrai ; **B.** faux (il s'appelle Yvan) ; **C.** faux (des tyrannosaures) ; **D.** vrai.

3 **A.** 4. ; **B.** 3. ; **C.** 6. ; **D.** 2. ; **E.** 1. ; **F.** 5.

4 **nous sommes venus** ; j'irai ; **ils sont tombés** ; vous disiez ; elle apprenait ; **j'ai joué** ; **vous avez réussi** ; tu riais ; **tu as menti.**

CHAPITRE 9

FRANÇAIS

5 **On** mange de bons sandwichs. Clovis et Barnabé **sont** allés à la piscine. Jeanne a mis **son** pull à l'envers ! Les malfaiteurs **ont** enlevé le paléontologue.

MATHS

6

2	7	12	10	9	4	15
10	35	60	50	45	20	75
100	350	600	500	450	200	750

x 5 ; x 50 ; x 10 ; : 5 ; : 50 ; : 10

7

8 C'est **Jeanne** qui a raison : 3 500 kilos valent 3,5 tonnes.

9 En tout, Vénus a travaillé **1 h 45** (45 min de 9 h 15 à 10 heures et 1 h de 10 h 30 à 11 h 30 ; 45 min + 1 h = 1 h 45).

La caravane des Balanchine pèse **1 500 000 g.**

La gourde de Vénus contient **60 cl.**

QUIZ

10 **C.** Apparu il y a environ 200 000 ans, l'*homo sapiens* est un homme moderne, qui maîtrise le feu et fabrique des outils perfectionnés. Vivant de la chasse et de la cueillette, c'est également un artiste capable de peindre et de sculpter.

FRANÇAIS

1 Finalement, le fromage, c'était aussi bon que les truffes et… beaucoup moins dangereux à dénicher !

2 Grâce à trois ~~treize~~ enfants très ~~délicats~~ débrouillards et ~~or~~ un peu casse-cou ~~casse-tête~~, le ~~des~~ paléontologue et ~~professeur~~ les deux peintres ont été ~~mangé~~ retrouvés sains ~~pas~~ et saufs ! Ils avaient été ~~ensorcelés~~ enlevés la semaine ~~prochaine~~ dernière par deux ~~anges~~ malfaiteurs. Ceux-ci souhaitaient exploiter ~~mes~~ leurs connaissances et ~~galoper~~ gagner de l'argent ~~faiblement~~ facilement. Maintenant, ceux-ci ~~ont~~ sont sous ~~sur~~ les verrous ~~serrures~~, et le mystère ~~meurtre~~ s'est enfin éclairci ~~épaissi~~ !

3 Délicieusement ; sérieusement ; lentement ; poliment ; gentiment.

4 Vénus ira (**aller /1**) à la piscine avec son frère. Pourras (**pouvoir /5**) -tu venir avec moi ? Vous faites (**faire /6**) trop de bruit ! Nous résolvons (**résoudre /4**) un problème difficile. Les enfants reviendront (**revenir /2**) vite au camping. Je veux (**vouloir /3**) manger un bonbon !

1	A	L	L	E	R			
2	R	E	V	E	N	I	R	
3	V	O	U	L	O	I	R	
4	R	É	S	O	U	D	R	E
5	P	O	U	V	O	I	R	
6	F	A	I	R	E			

L'animal à trouver est le **DINOSAURE.**

5 T**im**bre ; lap**in** ; ch**am**bre ; p**om**pier ; tr**om**pette ; l**am**pe ; m**an**ger ; mat**in** ; t**am**bour ; m**on**tagne.

MATHS

6 (6 + 3) x (4 + 2) = 54.
(12 – 6) x (25 – 15) = 60.
(532 + 341) x (30 – 30) = 0.

7

	A	B	C	D	E
1	5	1	5	6	4
2	3	5	■	7	7
3	2	4	2	■	0
4	9	■	8	5	3
5	9	4	0	4	■

8 **La pyramide** a **5 faces**, **5 sommets** et **8 arêtes.**
Le cube a **6 faces**, **8 sommets** et **12 arêtes.**
Le cylindre a **3 faces**, **aucun sommet** et **aucune arête.**

9 **Jules < Léa < Théo < Alice.**

QUIZ

10 **Faux.** Les grottes n'étaient pas des endroits bien accueillants pour les hommes préhistoriques : elles étaient sombres et souvent peuplées d'animaux dangereux comme les ours ou les hyènes. Les hommes préféraient donc s'installer à l'entrée des grottes : ainsi, ils bénéficiaient d'un abri tout en disposant de la lumière du jour !

MÉMOS

1 LES FAMILLES DE MOTS

Elles regroupent des mots ayant le même radical et un sens proche. ***Roul**ette, **roul**eau, **roul**ade. Dé**rouler**, en**rouler**.*

2 LES SYNONYMES

Les synonymes sont des mots qui ont le même sens ou presque. Ils doivent être de la même nature (adjectif, verbe...).
adjectif : drôle / amusant *verbe : bouger / gesticuler*

3 LES CONTRAIRES

Les contraires sont des mots de sens opposé.
Ils doivent être de la même nature.
grand / petit *se baisser / se relever*

4 LES QUATRE TYPES DE PHRASES

- Les phrases déclaratives racontent quelque chose (.) : *Monsieur est un chien.*
- Les phrases interrogatives posent une question (?) : *Où est passé Monsieur ?*
- Les phrases impératives donnent un ordre, un conseil (!) : *N'y va pas !*
- Les phrases exclamatives expriment un sentiment (!) : *C'est horrible !*

5 LES FORMES AFFIRMATIVES ET NÉGATIVES

Toute phrase peut être :
- affirmative : *Vénus est une aventurière.*
- négative : *Vénus n'est pas peureuse.*

Pour créer des phrases négatives utilise les locutions ne... pas, ne... plus, ne... jamais, ne... guère, ne... rien, ne... ni... ni.

6 LA NATURE DES MOTS

Le verbe exprime une action ou un état. *Vénus **cherche** Monsieur.*
S'il est suivi d'un complément il est transitif, sinon il est intransitif.

Le nom commun désigne un objet, une personne, un animal... ***Le paléontologue** est épuisé.*
Il peut être précédé d'un déterminant, suivi d'un adjectif qualificatif...

Le pronom personnel permet de désigner ou de remplacer un nom et d'éviter les répétitions.
*Les deux hommes étaient armés. **Ils** sont dangereux.*

L'adjectif qualificatif épithète qualifie un nom et s'accorde en genre et en nombre avec lui. Tu peux le supprimer sans changer le sens de la phrase.
*Les **belles** vacances **ensoleillées** de la famille Balanchine sont terminées.*

L'article ou déterminant fait partie du groupe nominal. Il s'accorde avec le nom :
Les touristes sont trempés. ***Un*** homme leur vend un parapluie.

L'adverbe est toujours invariable.
Il précise ou modifie le sens d'un verbe. Il donne des indications sur les circonstances de l'action :

- la manière : *rapidement.*
- le temps : *demain.*
- la quantité : *beaucoup.*
- le lieu : *dehors.*

La préposition relie un mot ou groupe de mots à un élément qui le complète : ***à, après, avant, avec, chez, contre, dans, en, entre, par, pendant, sans, près de...***

Les conjonctions sont des mots invariables.

• Les sept **conjonctions de coordination** servent à relier des mots ou des propositions de même nature grammaticale et de même fonction : ***mais ou et donc or ni car.***

• Les **conjonctions de subordination** introduisent une proposition qui précise le sens d'une phrase :
afin que, dès que, lorsque.

7 LES COMPLÉMENTS DU VERBE

Les compléments d'objet complètent le verbe et ils ne peuvent être ni déplacés, ni supprimés. Il en existe trois sortes :

• **Le complément d'objet direct** (COD)

→ **Pour le trouver,** pose la question quoi ? ou qui ? fait l'action :
Vénus cherche Monsieur. Vénus cherche **qui** ?

→ **Monsieur** → COD.

• **Le complément d'objet indirect** (COI)
Il est lié au verbe par une préposition.

→ **Pour le trouver,** pose les questions de quoi/à qui, à quoi/à qui, pour quoi/pour qui ?
*Vénus parle **de** sa découverte.* Vénus parle **de quoi** ?

→ **De sa découverte** → COI.

• **Le complément d'objet second** (COS)
Dans une phrase qui comporte deux compléments d'objet, le deuxième est appelé COS.

• **Les compléments circonstanciels** (CC)
Ils donnent des informations sur les circonstances de l'action (lieu, temps, manière, cause…).
Ils peuvent être déplacés ou supprimés.

→ **Pour les trouver,** pose les questions où ? (lieu), quand ? (temps), comment ? (manière)…
Vénus va dans les bois.
Où va Vénus ? → **Dans les bois** → CCL (CC de lieu).

8

LE PRÉSENT exprime une action qui se déroule au moment où l'on parle, ou une action qui se répète, un fait historique, une vérité absolue.

1er groupe	2e groupe	3e groupe
-e	-is	-s
-es	-is	-s
-e	-it	-t
-ons	-issons	-ons
-ez	-issez	-ez
-ent	-issent	-ent

9

LE FUTUR exprime une action à venir. Ajoute les terminaisons :
-ai, -as, -a, -ons, -ez, -ont :
→ à l'infinitif des verbes du 1er et du 2e groupe :
*chercher : je **chercher**ai ;*
→ au radical des verbes du 3e groupe :
*faire : je **fer**ai.*
Le radical peut être différent de celui de l'infinitif.
Les verbes en -ier, -uer et -ouer ont un e muet :
*Éternuer : j'éternu**e**rai…*

10

L'IMPARFAIT exprime une action passée,
mais aussi des faits habituels, des descriptions.
Les terminaisons pour les trois groupes sont :
-ais, -ais, -ait, -ions, -iez, -aient.
À la 1re et à la 2e personne du pluriel, il faut ajouter un i à certains verbes comme cri**er**, bal**ayer**, bri**ller** :
*nous cri**i**ons, nous bala**yi**ons, nous bri**lli**ons.*

11

LE PASSÉ COMPOSÉ se forme avec les auxiliaires ÊTRE ou AVOIR au présent + le participe passé du verbe. C'est un temps composé.
Il exprime une action terminée, mais dont on peut encore sentir les effets.
*Je **suis** parti, tu **es** parti, il **est** parti, nous **sommes** partis, vous **êtes** partis, ils **sont** partis.*
*J'**ai** donn**é**, tu **as** donn**é**, il **a** donn**é**, nous **avons** donn**é**, vous **avez** donn**é**, ils **ont** donn**é**.*
Quand le verbe est conjugué avec l'auxiliaire être, n'oublie pas d'accorder le participe passé avec le sujet. *Ils sont parti**s**.*

12

L'ACCORD DU VERBE ET DU SUJET
Le verbe s'accorde en genre et en nombre avec le sujet.
1 sujet au singulier = 1 verbe au singulier :
***Vénus** a disparu.*
1 sujet au pluriel = 1 verbe au pluriel :
***Les grottes** se trouvent dans les bois.*
2 sujets au singulier = 1 verbe au pluriel :
***Vénus et Monsieur** retrouvent les prisonniers.*
Plusieurs verbes peuvent avoir le même sujet.

13

L'ACCORD DANS LE GROUPE NOMINAL
Le déterminant et l'adjectif s'accordent en genre (féminin, masculin) et en nombre (singulier, pluriel) avec le nom.
Ils forment le groupe nominal.

- Au pluriel, les mots du groupe nominal prennent un *s* :
des endroits secrets.
Sauf certains comme *jeux, chevaux, travaux, bijoux...*
- Au féminin, les mots du groupe nominal prennent un *e* :
une enquête secrète.
Sauf les noms en *eur* → *euse*, en *er* → *ère.*

MÉMOS

FRANÇAIS

14 LES HOMOPHONES GRAMMATICAUX

Certains mots se prononcent de la même façon, mais ont un sens différent :

A est le verbe avoir à la 3e personne du singulier au présent. (On peut le remplacer par *avait*.)

À est une préposition.

Sont est le verbe être à la 3e personne du pluriel au présent. (On peut le remplacer par *étaient*.)

Son est un adjectif possessif. (On peut le remplacer par *mon*.)

Ont est le verbe avoir à la 3e personne du pluriel au présent. (On peut le remplacer par *avaient*.)

On est un pronom personnel. (On peut le remplacer par *il*.)

Est est le verbe être à la 3e personne du singulier au présent. (On peut le remplacer par *était*.)

Et est une conjonction de coordination. (On peut le remplacer par *puis*.)

Ou est une conjonction de coordination. (On peut le remplacer par *ou bien*.)

Où est un adverbe ou un pronom relatif qui désigne le lieu.

15 LES CONSONNES MUETTES

Certains mots se terminent par une lettre que l'on ne prononce pas.

Pour la trouver, il faut chercher d'autres mots de la même famille.

Petit → petite.

Bord → bordure.

MATHS

16 DOUBLE, TRIPLE, QUART ET MOITIÉ

Le double d'un chiffre	2 ***x 2*** = 4 : le double de 2 est 4.
Le triple d'un chiffre	2 ***x 3*** = 6 : le triple de 2 est 6.
La moitié d'un chiffre	4 ***: 2*** = 2 : la moitié de 4 est 2.
Le quart d'un chiffre	12 ***: 4*** = 3 : le quart de 12 est 3.

17 LES GRANDS NOMBRES

Ils ont beaucoup de chiffres. Exemple : 8 531 497 542.
Pour mieux les écrire et les lire, regroupe-les par classes.
Dans chaque classe, range les chiffres : unités (u), dizaines (d), centaines (c).

Classe des milliards			Classe des millions			Classe des milliers			Classe des unités simples		
c	d	u	c	d	u	c	d	u	c	d	u
		8	5	3	1	4	9	7	5	4	2

18 L'ADDITION

Additionner permet d'ajouter plusieurs quantités de même nature.
Dispose les nombres en alignant à droite le chiffre des unités, puis des dizaines et ainsi de suite…

	M	C	D	U
	1	1	1	
		4	6	8
+		5	6	3
+	2	0	2	1
=	3	0	5	2

Pose les retenues.

8 + 3 + 1 = 12 : pose 2 et retiens 1.

Le résultat d'une addition s'appelle la **somme** (ou total).

19 LA SOUSTRACTION

Soustraire permet d'enlever une quantité d'une autre, de même nature.

	D	U
	8	3 (+10)
–	5 (+ 1)	4
=	2	9

Place le plus grand nombre en haut.

Reporte la retenue en bas (8 – 6).

3 – 4 c'est impossible, alors ajoute une dizaine à 3 : 13 – 4 = 9.

Le résultat d'une soustraction s'appelle la **différence.**

MÉMOS

MATHS

20 LA MULTIPLICATION

Multiplier permet de trouver rapidement le résultat d'une addition de nombres égaux. Multiplie les unités, puis les dizaines et les centaines.

	M	C	D	U
Retenue →			②	
		4	2	7
	x			3
Le résultat d'une multiplication s'appelle le **produit**. →	1	2	8	1

3 x 7 = 21
Pose 1 et retiens 2 dans la colonne des dizaines.

x	1	2	3	4	5	6	7	8	9	10
1	1	2	3	4	5	6	7	8	9	10
2	2	4	6	8	10	12	14	16	18	20
3	3	6	9	12	15	18	21	24	27	30
4	4	8	12	16	20	24	28	32	36	40
5	5	10	15	20	25	30	35	40	45	50
6	6	12	18	24	30	36	42	48	54	60
7	7	14	21	28	35	42	49	56	63	70
8	8	16	24	32	40	48	56	64	72	80
9	9	18	27	36	45	54	63	72	81	90
10	10	20	30	40	50	60	70	80	90	100

2 x 8 = 16

8 x 7 = 56

21 LES DROITES PARALLÈLES ET PERPENDICULAIRES

2 droites sont parallèles lorsqu'elles ne se coupent jamais : (d) et (e) sont parallèles ; (e) et (f) ne sont pas parallèles car, si tu prolonges leur tracé, elles se coupent.

Des droites perpendiculaires sont des droites qui forment 4 angles égaux à l'endroit où elles se coupent.
Ces 4 angles égaux sont appelés des **angles droits.**
On les repère en utilisant une équerre.

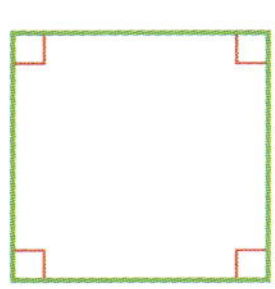

(s) et (t) sont perpendiculaires ; on écrit (s) ⊥ (t).

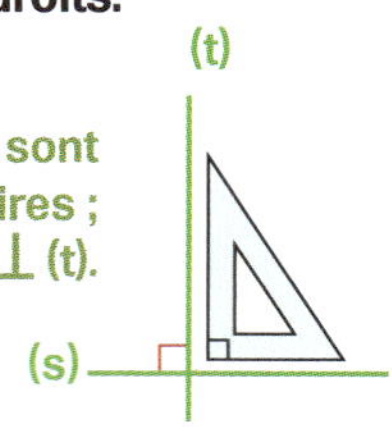

22 LES POLYGONES

Un polygone a autant de côtés que de sommets.

Un polygone à 3 côtés est un triangle.

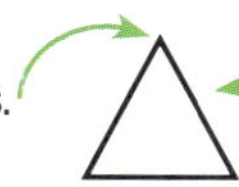

Un polygone à 4 côtés est un quadrilatère.

→ 4 sommets.

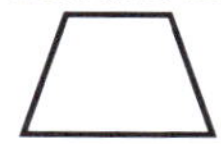

Un polygone à 5 côtés est un pentagone.

→ 5 sommets.

Un polygone à 6 côtés est un hexagone.

→ 6 sommets.

23 LE CERCLE

Le cercle est une ligne courbe fermée.
Tous les points sont à égale distance du centre.

Le diamètre (d) est le segment de droite reliant 2 points du cercle, passant par son centre. La longueur du diamètre est 2 fois celle du rayon.

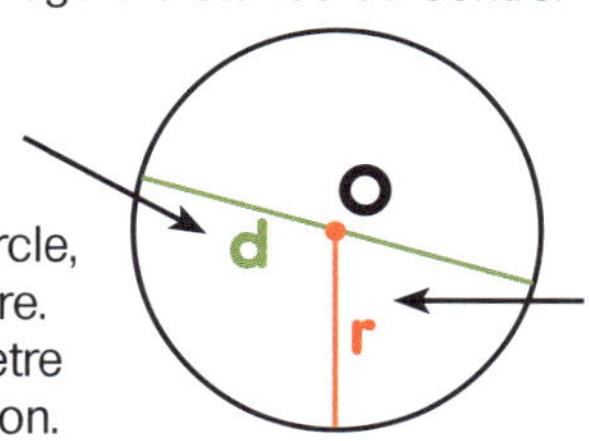

Le rayon (r) est le segment reliant un point du cercle à son centre.

24 LE CARRÉ

C'est un quadrilatère, un polygone avec 4 côtés qui a :

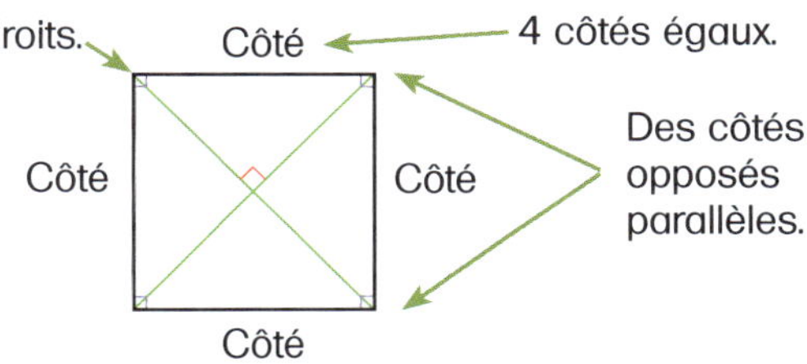

25 LE RECTANGLE

C'est un quadrilatère, un polygone avec 4 côtés qui a :

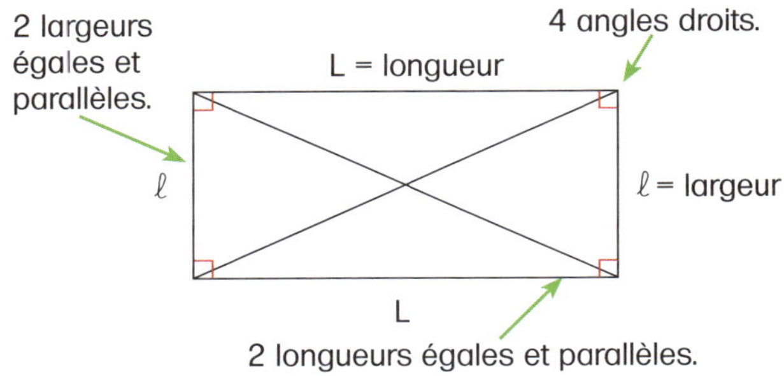

Ses diagonales se coupent en leur milieu.

26 LA SYMÉTRIE

Deux figures sont symétriques si :

- elles ont la même forme et les mêmes dimensions ;
- elles ont des orientations opposées ;
- elles sont situées à égale distance d'une droite appelée axe de symétrie.

Certaines figures ont plusieurs axes de symétrie.

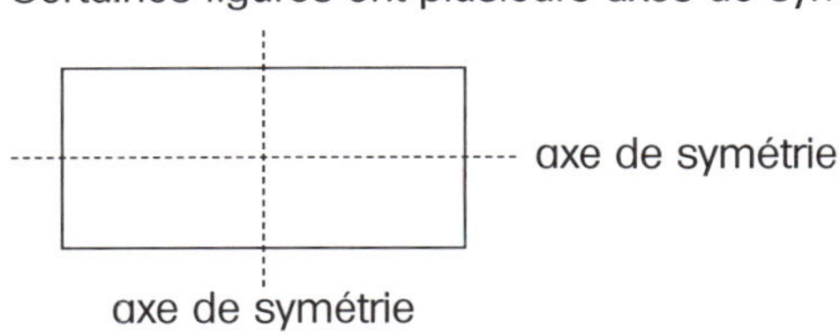

27 LES LONGUEURS

L'unité de base des longueurs est le mètre (m).
1 km = 1 000 m. **1 m** = 100 cm = 1 000 mm. **0,001 km** = 1 m.

Multiples			Unité mètre (m)	Sous-multiples		
kilo	hecto	déca		déci	centi	milli
(km)	(hm)	(dam)		(dm)	(cm)	(mm)
1	0	0	0			
			1	0	0	0
0,	0	0	1			

28 LES MASSES

L'unité de base des masses est le gramme (g).
1 kg = 1 000 g. **1 g** = 1 000 mg.

Multiples						Unité gramme (g)	Sous-multiples		
tonne	quintal		kilo	hecto	déca		déci	centi	milli
(t)	(q)		(kg)	(hg)	(dag)		(dg)	(cg)	(mg)
			1	0	0	0			
						1	0	0	0

29 LES CONTENANCES

L'unité de base des contenances est le litre.
1 l = 10 dl = 100 cl = 1 000 ml.

Unité litre (l)	Sous-multiples		
	déci	centi	milli
	(dl)	(cl)	(ml)
1	0	0	0

30 LES HEURES ET LES DURÉES

1 siècle = 100 ans.
1 an = 12 mois = 52 semaines = 365 jours.
1 jour = 24 heures (24 h).
1 heure = 60 minutes (60 min).
1 minute = 60 secondes (60 s).

Pour convertir des unités de mesure de durée, multiplie ou divise par 60.

31 LES SOLIDES

Un solide est une forme qui occupe un volume dans l'espace. Il possède plusieurs faces qui peuvent être planes ou courbes.
Il y a deux grandes catégories de solides :

Ceux qui n'ont que des faces planes. On les appelle des polyèdres.

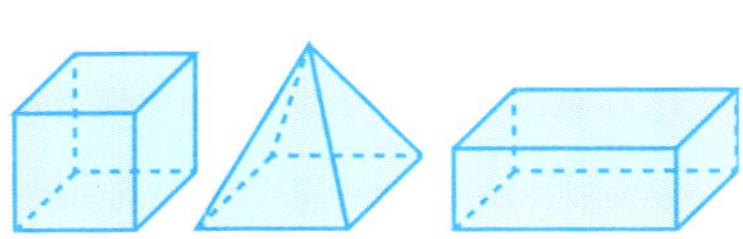

Cube Pyramide Pavé

Ceux qui ont des faces courbes. Ils peuvent rouler.

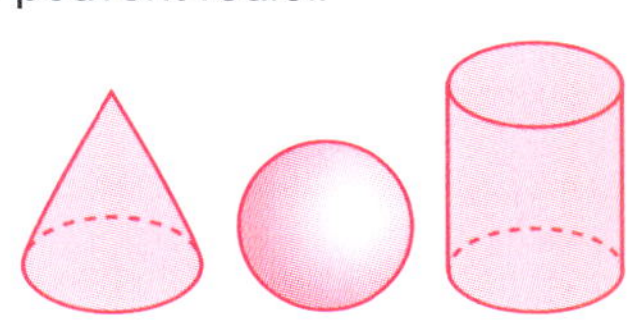

Cône Sphère Cylindre

Pour Gaby, ma fille, qui m'a inspirée
les personnages de Vénus et de Barnabé.
Pour Gérard, dont l'aide et les conseils
ont été précieux tout au long
de la rédaction de ce roman.
S. A.

REMERCIEMENTS
S. Brault, J.-L. Broust, G. Burrus, M. Chebance,
A.-S. Congar, C. Fleury, L. et D. Maj, K. Marigliano,
É. Marty, L. Pasquini, C. Schram, M. Seger,
M.-F. Wolfsperger.

14 bis, rue des Minimes
75003 Paris
www.playbac.fr

ISBN : 9782809655896
Dépôt légal : mai 2016

MIXTE
Papier issu de
sources responsables
FSC® C023419

Imprimé en Italie.

Loi n° 49-956 du 16 juillet 1949 sur les publications destinées à la jeunesse.